主编简介

赵 军 （1962－ ），女，广安职业技术学院文学艺术界联合会主席，教授，长期从事高校思想政治教育管理工作，尤其对高校校园文化建设理论和实践有研究，出版了专著《校园文化建设概览与实务》，合作主编了《五元互动的高职校园文化建设读本》、《立志·修身·成才——做合格大学生》、《邓小平职业教育思想和现代职业教育改革》等7部文集、教材，在《教育与职业》《中国教育报》《中国青年报》等报刊发表了《CI理论指导下的高职校园文化建设》（独著）、《文化奠基，提升高职学生综合素养》（合作）、《"多元互动"的高职校园文化建设》（合作）等研究论文10余篇；

甘华银 （1967－ ），男，广安职业技术学院质量管理办公室主任和校园文化建设研究中心主任（兼），副教授，长期从事高职思想政治理论课教学和校园文化建设理论研究与实践工作，出版了《城乡规划与建设工程法规法规应用教程》（独著）、《五元互动的高职校园文化建设读本》（合作主编）、《邓小平职业教育思想和现代职业教育改革》（副主编）、《立志·修身·成才——做合格大学生》（副主编）等著作、文集和教材5部，在《前沿》《教育科学论坛》《中国教育报》《中国青年报》等期刊和报纸发表《以邓小平职教思想为指导，深入推进高职文化育人》（独著）、《文化奠基，提升高职学生综合素养》（合作）、《"多元互动"的高职校园文化建设》（合作）等有关论文10篇。

高校校园文化建设成果文库

"一核三维五元"
校园文化育人模式初探

赵　军　甘华银◎主编

光明日报出版社

图书在版编目（CIP）数据

"一核三维五元"校园文化育人模式初探 / 赵军，
甘华银主编 . -- 北京：光明日报出版社，2017.12

ISBN 978 - 7 - 5194 - 3774 - 9

Ⅰ.①一… Ⅱ.①赵…②甘… Ⅲ.①高等职业教育
—校园文化—建设—研究—中国 Ⅳ.①G718.5

中国版本图书馆 CIP 数据核字（2017）第 321867 号

"一核三维五元"校园文化育人模式初探

"YIHE SANWEI WUYUAN" XIAOYUAN WENHUA YUREN MOSHI CHUTAN

主　　编：赵　军　甘华银

责任编辑：史　宁　　　　　　　责任校对：赵鸣鸣
封面设计：中联学林　　　　　　责任印制：曹　净

出版发行：光明日报出版社

地　　址：北京市西城区永安路 106 号，100050

电　　话：010 - 67078251（咨询），63131930（邮购）

传　　真：010 - 67078227，67078255

网　　址：http://book. gmw. cn

E - mail：shining@ gmw. cn

法律顾问：北京德恒律师事务所龚柳方律师

印　　刷：三河市华东印刷有限公司

装　　订：三河市华东印刷有限公司

本书如有破损、缺页、装订错误，请与本社联系调换

开　　本：710×1000　1/16

字　　数：228 千字　　　　　　印　　张：14.5

版　　次：2018 年 3 月第 1 版　　印　　次：2018 年 3 月第 1 次印刷

书　　号：ISBN 978 - 7 - 5194 - 3774 - 9

定　　价：68.00 元

序

《周易》云："刚柔交错，天文也，文明以止，人文也。观乎天文以察时变，观乎人文以化成天下"。文明以止，化成天下是古人深邃的哲思和博大的智慧，古代先贤希望通过人世伦理道德，化育天下，以实现道德教化的主张。这不仅为我们描绘了理想的文明图景，同时也为我们提供了认识文化发展规律的思想源泉和深化文化建设的有效方法。

本书记录了广安职业技术学院（本书以后简称"广安职院"或"学院"）立足于高等职业教育类型化的发展道路，以建设有文化品位的高职学院为己任，熔铸历史情怀，勇于创新创造的文化思考和文化实践。让文化为学生可持续职业发展奠基，让文化素养成为学生成长成才的核心竞争力是大学的使命和不懈追求，或许在漫长的时间长河里，我们的文化实践只会留下浅浅的一抹文化痕迹，但薪火相传中文化的博大精深以及由此养成的文化素养，将因植入莘莘学子的生命而历久弥新。

本书是在大学化进程中，对校园文化建设的阶段性总结，既有对历史的审视，也有对现实的研判。我们深知，方向问题是决定文化建设的根本所在，与主流思想文化保持一致的定力是文化建设的第一要义。党的十八大以来，特别是习近平总书记有关文化发展的系列讲话精神，使校园文化建设有了一个坚定的思想基础和行动指南，《培养和践行社会主义核心价值观的意见》使我们拥有了文化建设的行动准则。广安职院党委根据新时期职业教育发展的要求，在文化方略的谋划中，以高度的文化意识和文化使命，高扬主流文化，传承小平精神，确定了"双核共振——文化为学生可持续职业发展奠基"的育人理念。自觉将文化建设纳入学院治理体系，坚持导向、内涵、格调的有机统一，要求每一个育人者既是中华优秀传统文化、革命文化、社会主义先进文化的倡导者、引领者，更是多元文化建设的践行者、耕耘者，坚持教书与育人两手抓的重要原则，通过探索"一核三维五元"的文化建设模式，以历史铸就的文化根基为依托，与时俱进，在传承与扬弃、粗放与规范的博弈中，提炼文化价值要素，逐步形成了学院独特的文化品格。

我们坚信，在文化建设的坚守、发展与创新中，因融入人文素养、职业精神、职业技能培育而形成的校园文化底色，必将濡染一代代年轻的心灵，并提升他们对优秀文化的认同感、参与感、获得感。因文化而开启的精彩世界，必将成为学子们青春岁月的生命体验和最温馨的文化记忆，在实践中追寻的学院教育理想的内化外显，必将成为广安职院独特的文化基因和价值追寻。

赵军

2017 年 6 月

前 言

　　广安职业技术学院为更好培育和践行社会主义核心价值观，基于提升高职学生综合素养的育人目标，确立了专业与文化"双核共振——为学生可持续职业发展奠基"的育人理念，制定了《文化育人工程建设标准》，创新了"'一核三维五元'文化育人模式"，该模式经国家一级科技查新咨询单位鉴定，在国内具有创新性。围绕该模式展开的研究与实践成果，经省内外专家鉴定，具有区域的引领、辐射、带动作用。

　　本书按照广安职业技术学院"思源　追寻　致远"的校训谋篇布局，"思源篇"展示了学院的百年文化底蕴、世纪伟人邓小平故里的地方文化和学院对邓小平职业教育思想的研究与实践成果；"追寻篇"介绍了学院在精神文化、制度（行为）文化和物质文化三个维度开展校园文化建设、文化育人的系列成果；"致远篇"展示了学院校园文化建设的发展愿景和广职人围绕文化立校、不懈探索取得的部分理论研究成果。

　　全书由广安职业技术学院赵军教授、甘华银副教授主编，广安职业技术学院王建平、赵军、甘华银、王丽华、王雪松、王娟、张志高、李聪、周华银、周泽南、赵俊峰、朱媛、陈春燕、邢蓉、雷霖、任小琴、胡严曦、廖以银、杨英等老师参与了本书的撰稿。

由于作者水平有限，书中难免有不妥之处，敬请不吝指正。

甘华银

2017 年 6 月于广安

目 录
CONTENTS

绪 论 ··· 1

  第一节 类型独特 坚守文化自信 ··············· 2

  第二节 统筹规划 精心谋篇布局 ··············· 8

  第三节 文而化之 涵育文化素养 ··············· 19

第一篇 思源篇 ·································· 27

第一章 追本溯源 传承有序 ················ 29

  第一节 百年老校 底蕴深厚(1906~2002) ······· 29

  第二节 跨越发展 盛世同襄(2003~2017) ······· 32

第二章 毓秀宕渠 山高水长 ················ 38

  第一节 斯郡物华蕴天宝 ······················· 38

  第二节 此处地灵生人杰 ······················· 45

第三章 小平思想 引领职教 ················ 54

  第一节 深化职教研究 促进改革发展 ········· 54

  第二节 邓小平职业教育思想基本内涵 ········· 57

  第三节 邓小平职业教育思想当代意义 ········· 61

第二篇 追寻篇 ·································· 69

第四章 精神引领 历久弥新 ················ 71

  第一节 凝练顶层设计 ························· 71

  第二节 构建文化意象 ························· 72

第三节　歌唱和谐校园 ………………………………… 76

第五章　行动导向　知行合一 ………………………… 83

第一节　构建模式　以文化育 …………………………… 83

第二节　项目驱动　典型示范 …………………………… 94

项目一　五大文化品牌建设 ………………………… 94

项目二　"1123"高职第一课 ……………………… 104

项目三　大学生心理健康教育 …………………… 111

项目四　德馨国学馆建设 ………………………… 115

项目五　小平故里大学生志愿行动 …………… 121

项目六　曹于亚爱心工作室建设 ……………… 124

项目七　广安茂林文化艺术中心建设 ………… 132

项目八　竹丝画帘非遗传承 ……………………… 134

第三节　建章立制　规范保障 ………………………… 138

第六章　境以载道　以境育人 ………………………… 153

第一节　校园概貌 ………………………………………… 153

第二节　校园美景 ………………………………………… 155

第三节　名称释义 ………………………………………… 163

第三篇　致远篇 ……………………………………………… 167

第七章　运筹帷幄　文化立校 ………………………… 169

第八章　上下求索　开拓进取 ………………………… 182

邓小平对小康社会建设的历史贡献研究 ………… 182

浅论"三个面向"教育思想与现代职教体系的构建 …… 193

时时勤拂拭,莫使惹尘埃 …………………………… 198

社交媒体背景下大学生公民素养的培育研究 …… 205

浅谈市场文化冲击下的高职校园文化 …………… 213

后　记 ……………………………………………………… 219

绪 论

通常意义的文化是指狭义的文化，属于马克思主义理论论述中的精神生产力，即人们在生存和发展中形成并通过各种活动表现和传承的价值观念、优秀传统、行为方式、知识体系、规章制度、语言符号、风俗习惯。文化内涵博大精深，它是政治、经济、社会、生态在内的文明建设的灵魂，在我国又称为文化软实力。

校园文化作为一种独特的文化形态是社会意识形态的反映，它带着强烈的学校教育意志，是学校在长期的育人实践中形成的育人理想、育人模式、文化活动的内化外显，文化建设则包括理念、思路、模式、标准、方法等要素。

回溯历史，大学在漫长的发展进程中经历了从宗教传播、知识传授、学术研究、社会服务和文化引领的演变，承担着人才培养、科学研究、社会服务、文化传承四大任务。随着高等教育结构体系的不断丰富和稳步向前，随着新型工业化的推进和科学技术的发展，中国高等职业教育自觉适应经济发展新常态和技术技能人才成长成才需要，以关注学生职业生涯和可持续发展需要，促进学生德智体美全面发展为己任，立足于德技兼修、知行合一的办学理念，将培育和践行社会主义核心价值观融入教育教学全过程，上下求索，求实创新，其有为有位的价值追求，与时俱进的进取精神，独具特色的育人模式，多元包容的文化特色，迎来了职业教育快速发展的黄金时代，在国家人才培养体系中发挥着越来越重要的作用，成为了国家竞争力的重要支撑和发展实体经济的战略选择。

第一节 类型独特 坚守文化自信

一、类型特点

现代职业教育是服务经济社会发展需求，面向经济社会发展和生产服务一线，培养高素质劳动者和技术技能人才并促进全体劳动者可持续职业发展的教育类型。

——《现代职业教育体系建设规划（2014～2020年）》

开门见山，引用上述重要观点，是想给职业教育工作者一个视角，从建设现代职业教育、拓展人才多样化成长渠道、提高人才培养质量的大背景下来认识现代职业教育的类型特点，探索高职校园文化软实力建设的正确方向、科学路径、有效方法，具有战略性、全局性和前瞻性的重要意义。

职业教育服务经济社会发展，培养高素质高技能人才的价值追求，使它在大学化进程中迅速蜕变、崛起，以自己突出的比较优势形成了独一无二的类型特点：

引领劳动光荣、技能宝贵、创新伟大的时代风尚；

以服务发展为宗旨，以就业为导向的办学方针；

产教融合的教育理念；

培养高素质劳动者和技术技能人才的育人目标；

集成包容的文化形态，特色鲜明的工匠文化；

校企合作、工学结合、顶岗实习、知行合一的人才培养模式；

教学做一体化，学以致用、用以促学、学用相长的教学模式；

政府引导、行业企业深度参与，政行企校对接融合的发展平台；

双师素质及双师教学团队建设。

因此，伴随着中国改革开放30多年的高速发展，职业教育形成了独特的发展模式，其差异化、个性化的发展路径，避免了中国高等教育同质化发展趋向，为我们探索类型化的高职文化形态和开展丰富的文化实践提供了方向和引领。

二、文化自信

习近平总书记强调："文化自信是更基础、更广泛、更深厚的自信"①。高职教育的文化自信则源自于它别具一格的文化形态，围绕面向现代化、面向世界、面向未来的民族的科学的大众的社会主义文化方向，高等职业教育坚持类型化的文化发展之路，主动适应经济社会新常态，在文化变革中勇于探索，以一往无前的创新，形成了兼具教育特征和行业企业特色的文化形态，这种特色鲜明、内涵丰富、充满活力的文化类型，也是意识形态领域社会思想文化和校园精神风貌的具体化。

（一）从精神文化视角看

高职校园文化独特的价值体系和价值追求，基于它建设现代职业教育和提高人才培养质量的高远视野和使命担当。围绕立德树人根本任务，传承中华优秀传统文化，弘扬现代工业文明，秉承文化为学生可持续职业发展奠基，让文化内化为学生人生远航的核心竞争力的育人观念，自觉将产业文化和优秀企业文化融入学生增强本领、服务群众、奉献社会的职业理想教育中，融入崇尚劳动、敬业守信、创新务实的职业精神培育中，融入爱岗敬业、精益求精、执着坚毅的职业品格形成中，这是职教人文化自信的思想基础。

（二）从制度（行为）文化视角看

制度即是大家共同遵循的办事规程或行为准则，古人云，小智治事，大智治制。人类文明进步的重要标志是规则的完善，公平、公正、科学、周密的制度设计，是事业持续健康发展的重要保证。制度（行为）文化作为高职校园文化的重要内涵，是校园文化建设的行动准则，更是一种知行合一的行为文化。在宏观层面，从针对性、规范性、可操作性、可持续性角度，国家陆续出台了一系列关于加快发展现代职业教育的相关文件和政策，这是校园文化建设的根本准绳。从微观看，在大学化进程中，高职院校自身的制度建设有序推进，规范化建设取得了长足进步。将文化建设融入学院发展规划、人才培养方案、校园环境规划等长效机制建设也有了制度性保障，并与有声有色、丰富多彩的文

---

①　见 2016 年 7 月 25 日，人民网、中国共产党新闻网。

化实践活动共同构成了高职文化的亮丽风景,这是职教人文化自信的底气。

(三)从物质文化视角看

融合产业行业文化的校园物质文化具有鲜明的职教特色,其风貌是学院外在形象和内在精神的有机统一,蕴含着学院的精气神。尤其是具有职教元素的物质载体,如职教文化景点、各类实训中心或点缀或坐落于静谧的校园,传达着工业文化的阳刚气息,体现着规整的空间品质,以独特的视觉传达和由内至外散发的职业文化基因,无声地影响着学子们的价值取向以及他们对职业的认同,这是职教人文化自信的物质基础。

总之,高等职业教育作为促进全体劳动者可持续职业发展的教育类型,其独特的文化价值体系是基于它特殊的历史文化渊源和广泛的现实基础,基于它国家使命的担当。当劳动托举中国梦成为高职人共同的价值追求时,为国家培养高素质技术技能型人才的责任,会使高职人在文化传承、传播和创新中,以更加自觉和自信的文化态度,探索一条独特的类型文化建设之路。

特别值得一提的是,作为小平故里唯一高校,广安职院坚定的文化自信还源自于对邓小平同志伟大思想和精神的学习、传承和践行。

作为改革开放的总设计师,小平同志在领导我国改革开放和社会主义现代化建设的实践中,提出了系统的文化发展战略思想,形成了科学的文化观,其"两个文明一起抓,两手抓、两手都要硬"①的重要论述,为建设中国特色社会主义先进文化指明了方向,影响深远,指导着改革开放以来面对多元价值观和市场经济转轨进程中的精神层面的建设。他高屋建瓴的文化观,其深刻的思想和深邃的洞察力,仍一如既往地指引着当今中国正在进行的一场伟大的思想文化建设——社会主义核心价值观的践行和培育,即吸取马克思主义理论精髓,弘扬中华民族传统文化,借鉴世界文明成果,立足于共同理想下的思想文化建设。他提出的培养"四有"新人的育人目标,是社会主义文化建设的价值追求。十八大报告旗帜鲜明地提出了"推动社会主义精神文明和物质文明全面发展,建设面向现代化、面向世界、面向未来的民族的科学的大众的社会主义文化"

---

① 出自《邓小平文选》第三卷,人民出版社,1993 年 10 月。

的宏伟构想，继承并丰富了邓小平的文化观，是对小平文化思想的发扬光大，更是广安职院文化实践的理论遵循和文化自信，其对高职校园文化建设的指导意义具体表现在：

小平同志指出："我们在建设具有中国特色社会主义社会时，一定要坚持发扬物质文明和精神文明，坚持五讲四美三热爱，教育全国人民做到有理想有道德有文化有纪律"。其实践指导性在于，校园文化建设要坚持立德树人，以提升学生素养为目标，当前是要以践行和培育社会主义核心价值观为价值取向，培养合格建设者和可靠接班人。

小平同志强调："我们要在建设高度物质文明的同时，提高全民族的科学文化水平，发展高尚的丰富多彩的文化生活，建设高度的社会主义精神文明"。其指导意义在于，校园文化建设要围绕经济社会发展，培养高素质的建设者，为精神文明建设做出积极贡献。

小平同志教导我们："所谓精神文明，不但是指教育、科学、文化，而且是指共产主义的思想、理想、信念、道德、纪律，革命的立场和原则，人与人的同志式关系等"。其指导意义在于校园文化建设要注重学生人格养成，培养高尚的理想信念、正确的思想道德和自觉的纪律意识。

……

总之，小平同志有关文化的论述和习近平同志关于加强文化软实力建设的系列讲话一脉相承，具有方向引领性，如阳光雨露般滋养了我们的文化实践，我们将认真践行，在探索中前进，并逐步形成广安职院独特的文化品格。

三、基本特点

高职教育作为优秀文化传承的重要载体和思想文化创新的重要阵地，其文化具有一套独立的价值体系，承担着涵养师生人文情怀和塑造师生集体人格的重任，其在长期的文化实践中形成的稳定的文化特征，便是高职校园文化的独特性格。

（一）先进引领性

中国共产党既是优秀传统文化的传承者，更是刚健清新的革命文化、社会主义先进文化的创造者。它孕育的可歌可泣、奋发有为的革命文化和与时俱进、继往开来的社会主义先进文化是真理力量和人格力量的有机统一，奠定了我们文化自觉的强大底气。社会主义核心价值观作为社会主义先进文化的精髓，是我们共同的思想道德基础，它不仅凝练了中华优秀传统文化的时代价值，也在与时俱进中成为了当今文化建设的价值引领。因此，用先进文化为学生精神成长导航，以正确的开启方式，在春风化雨的温暖中，陶冶学生的情感、意志和价值观，使其内化为理想信念和道德情操的坚守，外化为对优秀文化传承的自信和自觉。

（二）集成开放性

鲜明的跨界性、开放性是高职文化的重要特征，集政行企校不同领域的文化于一体，既有职业特色，又有行业气息，更有学校教育品性，即孟子所谓的"集大成也者，金声而玉振也"。校园文化通过与政行企校文化的互动和融合，围绕育人目标和员工必备且认同的价值观，将学校教育文化与行业企业文化有机统一，致力于培养学生的信念、价值、责任和原则，是一种开放且集大成的文化。其开门办学的功能定位决定了职业教育必须围绕技术进步、生产方式变革、社会公共服务等政策要求和社会经济发展的导向，融合产业发展、行业要求、企业需求，培养学生良好的职业技能和职业精神，因此，立足于综合改革和本土实践的职业教育，文化背景更为广博，文化的共振性合力和集成性特点更为鲜明。

（三）有序传承性

工匠文化是职业教育独特的文化优势，在与中华文明千年守望中，汇聚致臻匠心、蕴含中国智慧的工匠精神在传承有序中，不仅让我们领略了大国工匠的智慧与巧思，情怀与梦想，更让我们在大众创业、万众创新的时代洪流中，进一步挖掘了传统工匠文化的当代价值：忠诚当担，以技报国的爱国情怀；爱岗敬业，专注执着的职业操守；精益求精，一丝不苟的技术追求；注重工艺，追求完美的审美取向；尊师重道，诚实守信的伦理规范；传承有序，革新鼎故的创新精神；刚毅顽强，坚忍不拔的意志品质；只争朝夕，奋发有为的工作作风。这些具有时代特征的文化精神，拓展并丰富了校园文化的内涵，是职业教育又好又快发展的精神财富。

（四）平等包容性

承担着培养数以亿计的高素质技术技能性劳动者的高等职业教育，其文化形态大气包容，具有海纳百川的情怀。秉承着"有教无类"的传统教育思想，遵从人人平等的公平正义原则，适应需求，面向大众，重视平等，为更多青年提供了优质的教育资源和学习机会，为他们实现人生梦想提供了更加公平而多样的发展平台。高职教育的蓬勃发展，既是高等教育大众化的主战场，更践行着让每个人都有人生出彩机会的生动实践。

（五）审美移情性

校园文化从精神、制度、物质所传递的文化信息，所体现的大学美感特质，诸如精神的崇高庄严与和谐之美，制度的规范落实和严谨之美，环境的大气厚重和诗画之美，都承载着对大学生审美观的熏陶。通过对美的认知、感悟、欣赏，培养基于道德和价值的审美判断，提升青年一代对美的鉴赏品质，形成真实而审美的人生，是高职文化建设的使命。同时，校园的美感还体现着学院管理者所具有的人文修养，在建设情景交融，诗画一体的育人环境中，管理者所具有的审美设计和以物铭志、养心寄情的审美品质，都能通过一草一木、一砖一瓦、一房一舍移情而境语隽永，让学生置身诗景，缘景明情，实现审美体验。

（六）地域独特性

历史是城市的根脉，高校是城市的标记，校园文化与地缘文化有着不解之缘。城市文化既是高职文化建设鲜活生动的源头活水，又是高职文化独具魅力的基本要素。因此，高职校园文化的形成、演进，其内外形态无不打上属地文化的烙印，一大批具有鲜明地方特色的红色文化、民俗文化（非物质文化）不仅丰富了校园文化的内涵，更避免了高职校园文化建设千校一面的同质化发展倾向。

（七）渐进浸润性

文化，是一种包含精神价值和生活方式的共同体，它通过积累和引导，实现学生人格养成。在以文化人的进程中，经由岁月积淀，内化修炼的素养，是通过量变的积累逐渐养成，在成长过程中坚守和巩固，逐渐内化且伴随终生，这是一个循序渐进的过程。从这个角度看，渐进是文而化之的过程状态，浸润则具有建设方法和文化特征的双重属性。

（八）多层统一性

校园文化建设具有系统性和协同性的特性，需要运用整体思维，规划设计，既自成体系，又相对独立，既有统一意志，以社会主义核心价值观为文化底色，又异彩纷呈，生动缤纷。宏观层面，以国家要求为准绳，引领文化方向，统一到主流文化指向的核心价值观；中观层面，科学规划校园文化建设，脉络清晰，规范严谨，有可操作性，能实现学院的价值主张；微观层面，以系、班为建设主体，灵活多样，丰富生动，重在提升学生在文化实践中的参与感、认同感、获得感。

第二节　统筹规划　精心谋篇布局

一、问题导向

问题导向是一种有的放矢、行之有效的工作方法，以查找问题为抓手，帮助我们在纷繁芜杂的矛盾中，理性分析，找准症结，抓住主要矛盾和矛盾的主要方面，抽丝剥茧，把脉开方，谋定后动，聚焦发力，是我们解决问题的切入点。

一是新常态下的高职校园文化建设，面临着新的挑战和新的机遇。十八大以来，国家对意识形态领域的空前重视，已将文化软实力建设上升到了国家战略高度，教育综合改革也给职业教育的育人质量和育人规格提出了新要求。然而面对新形势、新情况，一些高职院校在发展思路上仍缺乏清醒的认识和科学的研判，在向市场寻求资源的过程中，不能主动找好产教融合的结合点。在文化对接上，产业文化进教育、企业文化进校园、职业文化进课堂尚停留在肤浅层面，缺乏政行企校文化的深度融合，没有形成共同的文化语境。

二是学生、教师、学院在学习目的、职业道德和科学发展等方面存在的问题具有普遍性，令人担忧。学生普遍对职业教育认同不高，缺乏学习的内动力；教师对立德树人根本任务认识不够，普遍重知识技能培养，轻理想信念教育，教书不育人的现象比比皆是；学院在从规模扩张向内涵建设转变中仍有急功近利的做法，发展思路不清，对人才培养内涵理解不全面，人文教育被边缘化，未形成文化与专业教育融合的优质教学体系。

三是文化建设理论研究滞后，缺乏与时俱进的研究成果。高职教育超常规发展，成效有目共睹，其类型化特点已基本形成，但文化建设缺乏有深度的理论探索，一些看似轰轰烈烈的文化活动，大多只停留于外在的形式，有的甚至形式大于内容，而未深度触及思想、专业、课程等核心文化。为此，高职人在传承与创新的文化实践中依然任重道远，须认真总结经验，积极应对在体制机制创新中产生的文化变革，探索并形成机制性经验，为高职校园文化建设实践提供有深度的理论成果和智力支持。

二、谋篇布局

从文化的功能看，以文化人，既是价值观，又是方法论，二者在形式内容方面具有内在的逻辑联系。高职校园文化建设作为一项系统工程，涉及理念、思路、模式、标准、方法等诸多因素。正如写文章一样，谋篇布局时，围绕提出问题，分析问题，解决问题的结构原则，必须处理好立意与选材、思路与结构的关系，讲究立意高远，思路清晰，结构合理，选材典型。文化建设亦然，高屋建瓴，确定理念是先导；理清思路，统筹谋划是前提；形成模式，整体推进是关键；制定标准，有章可循是重点；确定方法，有效开展是保障。

从校园文化建设的逻辑起点看，理念是文化建设的思想，是文化发展的方向，是文化推进的价值观，理念的高远决定着文化建设的高度和持续推进的深度。从职业教育育人功能看，高职教育发展的最高境界是走向文化自觉，将文化作为高职院校发展的内核，确定"文化为学生可持续职业发展奠基"的育人理念，由此制定自上而下文化建设规划，是文化建设的立足点和发展方向。

思路决定出路，它是文化建设的思考线索或发展脉络，是按照文化的建设逻辑，围绕文化内部规律和建设方向，梳理要素、掌握内在联系所形成的脉络，是有条理、有秩序、有步骤地组织推进的思维过程，朱自清先生曾将思路比作文脉。好的思路具有纲举目张的作用，"纲"指的是文化建设的理念，具体是指价值观；"目"是指文化内涵的各主要环节。在此前提下，开阔视野，研判高职文化的现状，找到差距，理清思路，必须紧紧抓住思想、脉络、结构三个关键要素，方能实现提纲挈领的目的。总之，思想是文化建设的理念，脉络是文化建设的路径，结构布局则形成了思路实现的骨架。

模式是校园文化建设的结构性框架，模式的构建及其运行是发挥文化育人功能的关键环节，是保障校园文化建设和育人效果的核心要素，关于模式的构成与解读将在后文重点介绍。

标准是衡量事物的准则，也是指导工作开展的行为规范，它具有质的规定性和量的约束性。校园文化建设标准涉及组织建设、载体建设、队伍建设、科学研究和服务社会等诸多内容，是校园文化建设有序推进的制度性保障。

"取法其上，仅得其中，取法其中，仅得其下"，这是方法的辩证法。爱因斯坦曾说：成功＝艰苦的劳动＋正确的方法＋少说废话，这是讲方法的重要性。如果将以文化人作为方法论，制定校园文化建设的整体规划，强化校园文化的价值功能，就需要科学方法的技术保障。

三、构建模式

模式是研究的范例，在这里特指文化建设的标准形式或使他人可以参照的标准样式。它是文化实践的高度概括和理性思考中抽象出来的经验和规律，具有可操作性和推广价值。古人云：不谋万世者，不足以谋一时；不谋全局者，不足以谋一域。文化建设模式的构建，就是一种科学的谋划，其实质是根据国家要求、学院追求、学生需求的有关文化建设格局的规划。从外在形态看，它关乎结构布局，注重各组成部分结构比例是否科学，条理是否分明，讲究谋篇布局。从内在逻辑看，它涉及价值方向、基本维度、主要内容等要素的选择、确定，需要运筹帷幄。因此，模式构建必须注重思想的正确性，并一以贯之指引方向；重视维度的多管齐下，注重立体化推进；强化内涵和载体的优质性，既要弘扬主旋律，传播正能量，又能承载青春的纯正品质，引起广大学生的心音共鸣。

（一）模式的价值主线

文化建设的核心是价值观建设，文而化之的实质是思想品德养成的过程。习近平总书记说："核心价值观是文化软实力的灵魂、文化软实力建设的重点。这是决定文化性质和方向的最深层次要素"。因此，当把文化作为德育的主要价值内涵，把"化成"作为素养形成的过程和方法时，丰富的文化资源便承担了引领和教化的作用，国家的价值取向便成了师生践行不惑的价值认同和价值追求。

国无德不兴，人无德不立。社会主义核心价值观作为上层建筑，从国家、社会、个人三方面凝练了价值目标、价值取向、价值准则，它承载着一个民族、一个国家的精神追求，体现着一个社会评判是非曲直的价值坐标，人们曾形象地把核心价值观比喻为文化建设的承重墙。

大学之道，在明明德。社会主义核心价值观作为文化的思想结晶，是高职校园文化建设的价值主线。它既支撑着宏观的机制体制创新改革，又融入专业人才培养方案的制定实施和环境文化的系统建设。古人说：木受绳则直，金就砺则利。正确的价值引领，不仅能点亮学生心中最亮的明灯，让他们的文化心理走向主流，更能为他们成长成才积累源源不断的精神动力，指引他们在人生之路的上下求索中，明大德，守公德，严私德。因此，三德互动，共振育人，是大学教书育人工作的底色，贯穿在文化润内、养德固本的全过程。

（二）模式的基本维度

维度是一种立体化的思维方式，关乎模式的结构，这里特指精神、制度行为和物质三个维度。它是校园文化蓝图的筋骨。遵循思路开阔、层次分明的原则，精神文化总览全局，亮出思想主张，制度文化建章立制，实现知行合一，物质文化荷载真善美，释放正能量。纵向上，通过对历史的探幽，把握前车后辙的一脉相承；横向上，通过对现实的研判，慎思之，明辨之，实现拓展学生人文视野，培养价值判断力，形成正确价值观的目的。

精神文化指拥有的思想观念、价值体系、文化品牌等精神形态，是学校发展的灵魂，是校园文化建设的核心。它指引着高职院校的办学方向，是专业建设和制定人才培养方案的行动指南。

制度文化是一定价值观指导下并要求全体师生共同遵守的行为规则和办事规程，是文化实践的重要遵循，是学院在长期的育人实践中形成的机制性保障，是形成个体自律和文化自觉的基本规范。同时制度还是品牌的助推器，能将经典的文化活动与无形价值有机统一而形成学院的文化软实力。

物质文化则是一种显性文化，坚持以人为本，人与景和谐相处，是育人者的办学理想和审美追求的一种物化设计。让环境成为学习园地，承载教育功能，充当潜在课堂，是物质文化建设的追寻。它是体现在校园每一个物质载体上的教育元素，强调教育性、实用性、艺术性。

（三）模式的主要内涵

1. 制定基本原则

基本原则指开展工作所坚持的法则，是校园文化建设根据一定观点、思想，从方法、内容、形式上应坚持的准则与规范。

（1）形神兼备，外显内化

"神"指社会主义核心价值观这一灵魂，即将培育和践行社会主义核心价值观贯穿校园文化建设全过程，以确保校园文化发展坚定的方向，它犹如一棵参天大树的主干，气脉中贯，为蓬勃的文化之树提供丰富的滋养；"形"指培育核心价值观的多样化形式，包括丰富的内容和多元的载体。外显内化则指从顶层设计到构建校园文化建设基本框架，从环境文化建设到 VI 识别规范，从人才培养方案制定到课程建设、实习实训开展、文化活动展示，都必须体现社会主义核心价值观的培育践行。

（2）理实一体，合力共振

指文化实践与理论探索的有机统一，相辅相成。"理"指植根于学院文化建设实践，深入开展校园文化理论研究并形成丰富的研究成果，用于指导文化实践向纵深推进；"实"指按照实践——认识——再实践的认知路径和现代职业教育的基本规律，指导学生职业技能和职业精神高度融合的教育实践，这里特别强调的是要重视发挥人文学科的独特育人优势，推动基于职业素养提升的公共基础课职业化转型在教学实践中的探索。合力共振指理实融合、整体推进所形成的力量，在相互融通和配合中对学生人格塑造的重要作用。

（3）寓情于景，情景交融

秉承"一切景语皆情语"的中华传统美学思想，深度挖掘校园文化的价值要素，遵循开放式、立体化、以人为本的环境建设理念，着力打造具有以形载神，情景交融的校园环境，用传统美学思想营造清新质朴、健康向上的文化生态，实现环境育人的价值功能。

（4）多维一体，收放自如

多维一体指文化建设在精神、制度和物质方面的一体化推进，强调三者缺一不可。收放自如指对整个文化建设的掌控和驾驭能力，在"放"而又"收"中体现管理者的统筹性、原则性、灵活性。其关键是必须始终牢牢把握意识形态的话语权，既有高度的主流声音，又百花齐放、多元包容，才能传递健康、和谐、文明的校园文化。

（5）新传融合，与时俱进

指新媒体与传统媒体互动融合，共同形成立体化的宣传平台。传统媒体发展历史悠久，在内涵的深度、广度、信度方面仍具有突出优势。新媒体的崛起，创设了学生对文化的新需求，其平等开放、迅速快捷、技术进步快、个性化等特色，吸引了更多受众，特别是青年学生的认同和应用。只有将新媒体和传统媒体有机融合，形成良性互动的局面，才能实现更大的宣传教育活力。

2. 建设丰富载体

载体是高职文化建设的现实基础，面对世界范围思想文化交流、交融、交锋及改革开放和发展社会主义市场经济条件下思想意识多元、多样、多变的新特点，只有坚持文化建设的主流性、丰富性和新颖性，重视培育优质载体，将生生不息的青春力量和与时俱进的时代精神有机融合，才能满足广大学生不断增长的文化需求。

（1）校园环境感知文化——感同身受，渐入佳境

优美的环境是进入校园后最直接的视觉感知，它承担着培养学生最初对大学的认识和持续的审美熏陶的功能。英国诗人约翰·梅斯菲尔德曾说过：世间很少有事物能比大学更美。校园的一草一木、一砖一瓦都融注了教育者的情怀，学生进入校园所接受的第一文化感受就是这所大学的环境氛围，环境作为大学校园物质文化建设的主要载体，它直观反映了这所大学的文化氛围、文化品位、文化特色与文化风格，以润物无声的力量对大学生的教育与成长起着不可替代的作用。

（2）课程教育培育文化——春风化雨，涵咏文化

课程是校园文化建设主阵地，是知识、技能、情感培育的主战场，坚持文道统一，注重人文精神的培养和专业文化的熏陶，注重知识技能传授与职业精

神培育并重，是课程文化建设的重点。

公共基础课与人文教育。公共基础课属于学科体系，对于培养学生良好的思想品格，丰富的人文知识，高尚的审美情趣和正确的健康意识具有重要的作用，它固有的学科文化和学科德育是促进学生健康成长的重要内容。诸如政史的塑魂、文学的悟道、数理的思辨、艺术的审美、音乐的怡情、体育的弘毅、教心的养性。用人文精神濡染学生心灵，才能形成影响他们一生的人文素养，教育部《关于深化职业教育改革，全面提高人才培养质量的若干意见》指出，要发挥人文学科的独特育人优势，加强公共基础课与专业课间的相互融通和融合，为学生实现更高质量就业和职业生涯更好发展奠定基础。

专业课程与专业文化拓展。专业课程是学生知识技能形成的基础，专业文化所蕴含的哲理思辨、价值追求、职业伦理是学生职业价值观形成的重要内容，它更加注重学生职业精神、职业规范、职业情感以及劳动价值观的培养，注重行业企业文化的学习体验，以培养学生敬业、奉献、自律、坚忍、安全、环保等素养为己任，具有一套独立的育人体系，并与学科文化相辅相成。

需要指出的是，公共基础课的育人作用与专业文化的学习熏陶既有相同的目标，也有不同的侧重。前者更加关注学生个体成长所应具备的健全人格、思维品质、文化修养、审美情趣，重在对优秀文化的学习和积累中进行人生意义的思考，对真善美、假丑恶的评判与辨别，对自然的关注与敬畏，对人类及自身的审视与关爱，后者更加注重对职业精神的培育和养成。

教师与文化建设。教师作为高职院校最重要的软实力，是传播文化的重要力量，他们对职业的敬畏，对技能的礼赞，对劳动的尊重，是育人树魂的基础，也是其思想、修养、情感、学识、境界的体现。当教师以崇高的使命海人不倦，培桃育李时，人才培养的质量便直接检验着他们传道解惑的担当、素养智慧的底气、文道并举的慧心。因此，高职院校必须从战略高度重视教师的专业成长，围绕双师素质提升和双师教学团队的建设，要求教师主动适应经济社会产业发展，自觉完成职业化转型和专业化发展。

（3）文化活动传播文化——演绎风采，潜移默化

文化活动是演绎校园文化的重要载体，是全面提升学生综合素养的文化实践。校园文化活动的形式与质量，直接反映着高职校园文化的内涵品质。只有

坚持主旋律、多样化与丰富性，通过培育形式与内容俱佳的文化活动项目引领学生的精神成长。同时，开展文化活动还要注重常规性与品牌建设的一体化推进，既突出文化品牌，又坚持开展常规文化活动。从而以文化的感召力凝聚学生，让多彩的校园文化活动成为他们自觉的文化追求。

（4）实习实训体验文化——躬身实践，深入体察

实习实训文化是高等职业院校的重要文化特征，它具有教育行业和企业职场的双重属性。学校文化的育人特色与企业文化的职场特色，二者相辅相成。首先借助校外实训基地所营造的企业文化场，实现校园文化与企业文化对接，在实训操作、顶岗实习、技能竞赛的亲身实践中，完成对学生技能及职业操守的岗前培训。同时，校内实训室建设必须按照标准化、育人化、审美化要求科学实施。标准化是质量、规格等的仿真要求，营造身临其境的工作氛围；育人化是通过企业文化的氛围打造，传播工匠文化，培养一丝不苟、精益求精的职业素养；审美化则是通过实训室科学严谨的布局和简约规范的造型，让学生了解工业文化的力量美与结构美，感知现代实训室的内在美和秩序美。

（5）职场创业检验文化——素养养成，行而致远

文化建设成效和学生职业素养最终需要通过职场就业和创业来加以检验，学生能否无缝对接职场，缺乏哪些必备素养，更是校园文化建设内涵调整的依据。坚持以学生为中心，以系为单位，建立毕业生跟踪调查制度和毕业生信息跟踪档案，实时了解职场对学生首岗适应能力和多岗迁移能力的要求；通过校友办建立校友信息档案，走访优秀校友并邀请其回校做报告，走访职场失意学生，感受创业的艰辛，全方位了解职业、岗位对高职生的素养需求；结合第三方评价机构提供的年度分析报告，进一步了解职场用人要求。再根据反馈，紧跟职场深度开展职业功能分析，不断调整完善校园文化建设方案，形成长效运行的动态调控机制。

3. 确定重点任务

坚持红色文化导向性、职教文化实践性、民族文化包容性、传统文化传承性、地域文化融入性的校园文化实践，是文化软实力建设的重点任务。从内容到形式，从广度到深度所凝练的文化品牌，融思想性、教育性、职业性于一体，有对革命文化的坚守，职教文化的发扬，民族文化的认同，传统文化的传承，

地方文化的学习借鉴，通过课程和活动的持续渗透，必将形成植入学生心灵深处的精神底蕴和文化力量。

（1）红色文化

红色文化是一种具有中国特色的政治文化形态，是五四以来的革命文化和社会主义建设及改革伟大实践中孕育的先进文化的有机统一，具有鲜明的时代性、人民性、先进性和丰富性。通过开展红色文化教育，挖掘革命英烈、革命精神、时代模范、时代精神等呈现的精神文化意蕴，如红船精神、井冈山精神、长征精神、延安精神、西柏坡精神以及雷锋精神、焦裕禄精神、两弹一星精神、载人航天精神、抗震救灾精神和社会主义荣辱观、社会主义核心价值观，用鲜活的人、事、物、魂，在缅怀先烈丰功、继承先烈遗志、学习时代楷模、发扬时代精神中，弘扬信仰之美、崇高之美，用真理力量培育学生的人格力量。

（2）职教文化

职业教育文化决定着从业者的素养，关系着产业的可持续发展。其文化形态集质量文化、诚信文化、创新文化、责任文化、品牌文化、节俭文化、创业文化、环保文化于一体，是行业企业与高职校园文化的有机融合。职教文化围绕学校、社会与职业、岗位的共有价值观，坚持工学交融，驱动学生全面发展；坚持校企共育，引领学生遵规守则的自觉；坚持学用对接，拓展学生服务社会和创新创造的能力，始终按照劳动者必备的正确价值观，培养学生一丝不苟、精益求精、诚实守信、勇于创新、团结协作等职业品质。

（3）民族文化

民族文化具有文化的多样性特征，展示了中华文明的开放性和包容性，民族性则是文化高地的标识。其文化形态集和合文化、包容文化、特色文化于一体。遵循各民族共同团结奋斗、共同繁荣发展的主题，建设友爱、互助、合作的新型民族关系，是增强各民族学生对伟大祖国和中华民族认同的前提。因此，抓住"和合"这一民族文化建设的关键，挖掘同宗同源、和而不同的优秀传统文化思想，按照多样性与一致性相统一的原则，培养学生树立正确的文化视野和文化态度，意义深远。

（4）传统文化

优秀传统文化集历史文化、经典文化、思想文化、创新文化等文化形态，通过积累、扬弃、传承，助推社会的文明进步。中华文化的兴盛延续对民族潜在人格的塑造和价值取向的认同意义非凡，它是社会主义核心价值观的重要来源。习近平总书记指出："中华优秀传统文化已经成为中华民族的基因，根植在中国人内心，潜移默化影响着中国人的思维方式和行为方式"。因此，充分发挥优秀传统文化怡情养志、涵育文明的重要作用，大力弘扬讲仁爱、重民本、守诚信、崇正义、尚和合、求大同的思想价值，让学生在传统文化思想、传统美德、人文精神的学习礼敬中，吸取先贤的智慧精华，感悟文化的博大精深，进一步增强文化自信。

（5）地域文化

独特的风土人情所孕育的地域文化形态构成了中华文化的丰富性、多样性、独特性，地域文化同时又是校园文化的个性，具有鲜明的民族性和区域性特点，它集独特的红色精神文化和本土的民俗文化于一体，加强地域文化建设旨在利用本土的文化教育资源，挖掘特色文化背后的故事，礼赞先民的勤劳和智慧，积淀相应的地方文化素养，增强学生认同感和归属感，实现依托地方、服务地方、贡献地方的办学定位。

4. 寻找科学方法

方法是解决思想、说话、行动等问题的门路和程序，它在操作层面上有其独特的技巧。李瑞环同志曾说："一个好方法，一个对路的实招，可以下活一盘棋，可以开辟一条道，可以影响一大片"。因此，不论是战略上的全局与远虑，还是战术上的机巧与灵活，科学的方法，才是完成任务的技术保障。

（1）统筹法

统筹是一种立足全局、谋篇布局的智慧，它以先进理念为引领，理清思路为前提，科学谋划为基础，是牢牢把握和运用思想、脉络、内涵、结构等关键要素的蓝图设计。统筹意味责任担当，它考验着文化建设者的文化视野和人文情怀，也检验着谋划者的执行能力和全局驾驭能力。

（2）借鉴法

将复杂的校园文化以清晰的条理呈现，必须坚持运用科学方法，构建文化建设体系，指导文化建设向纵深推进。它山之石，可以攻玉。自觉引入其他学科领域行之有效的价值方法，从不同视角指导校园文化建设，企业管理之 CI 理论就为我们提供了方法论上的重要法宝。

CI 理论简介①

CI 理论即企业形象识别，它产生于二战时期，是最经典的管理理论。指通过一系列的形象设计，将企业的经营理念、行为规范、可感的外在形象传达给社会公众，并被公众认同的一种系统战略，它具有统一性、易识别性和标准性，包括统一、识别、个性、特征、企业标志、标准色、标准字等关键词。CI 理论的内涵指 MI（理念识别）、BI（行为识别）、VI（视觉识别）。

理念识别（MI）：是企业的指导思想和员工的行为准则。指企业精神、座右铭、价值理念等，它是 CI 的灵魂。

行为识别（BI）：指企业理念具体化的措施和行为方式，是通过具体的行动来塑造企业的形象，它是基于任务完成的行动过程。

视觉识别（VI）：以视觉符号将企业精神、价值观念传达，获得消费者的识别和认知。其基本要素包括名称、品牌、标志、标准色、标准字、象征图案、宣传口号、标语，其应用要素包括事务用品、办公设备、室内装饰、建筑外观、交通工具等。

（3）浸润法

浸润是一个"化成"的过程，在时间演进中，因文化的积淀熏陶，以量的积累实现质的变化。在空间转移中，不同文化理念和文化载体共振所形成的活力，以润物无声的力量，锲而不舍、潜移默化地提升着学生的综合素养，化育着学生的茁壮成长。

（4）本土化

将校园文化的本土化纳入方法范畴，是属于技巧的问题，希望以融入地方文化特色作为切入点，通过巧思，将地域的价值取向、风俗习惯、审美追求、人文环境等导入高职文化建设，以保证它的鲜活和接地气。常言道：一方水土养一方人，独特的文化土壤中生长的本土文化，一定会给高职学院打上别具一格的精神印记。

---

① 孙在国：《商战与名牌》，西南财经大学出版社 2000 年版。

（5）品牌化

品牌的本质就是品质，是经一代代学子传承创新的经典文化活动。它融进了学院的历史积淀、教育理念、地域文化特色，具有质与量的保障性，能经受实践检验的经典性，既传承有序又不断优化的创新性，品牌文化是学院文化的集大成。

5. 五大服务

大学是地方文化发展的高地，服务社会是大学的四大任务之一，越来越受到社会各方的高度重视。围绕经济、政治、文化、社会、生态文明建设五位一体总布局，大学必须勇于担当，牢固树立主动服务意识，用人才优势和智力优势全方位开展社会服务，成为区域经济建设和发展的重要力量。服务经济建设，就是服务党的中心工作，它是举国之要。高职院校不仅要成为培养区域经济发展和社会服务所需职业人才的基础阵地，更要用知识技术、科研成果助推经济建设，成为推动经济繁荣的建设者、促进者。服务政治建设，就是要确保办学正确的政治方向，巩固文化思想阵地，培育学生坚定的政治定力，积极参加地方开展的政治活动，成为社会主义核心价值观的倡导者、维护者。服务文化建设，是思想道德建设的重要内容和中心环节，积极参与地方文化建设，成为地方文化建设的生力军和优秀文化的传播者、弘扬者。服务社会建设，社会建设以保障和改善民生为重点，与人民幸福息息相关，教育作为最大的民生，就是要坚持公平正义，强化内涵建设，促进教育均衡发展，以优质的质量办好人民满意的教育，成为实践以民为本思想的倡导者和践行者。服务生态建设，建设生态文明是关系人民福祉、关乎民族未来的长远大计，大学的任务就是要培养学生树立尊重自然、顺应自然、保护自然的理念，在建设美丽中国和实现中华民族永续发展中，成为生态文明建设的传播者和守护者。

第三节　文而化之　涵育文化素养

素养即平日的修养，指理论、知识、艺术、思想等方面的一定水平，也指正确待人处事的态度。从实质看，素养的核心是文化，是经文化浸润的行为表达和修养体现，是受文化洗礼后对人生意义的思考与追寻。具体表现为对主流价值观的坚守和追求，对优秀文化的传承与弘扬，对自然的尊重和礼敬，对生命的关注和关怀，对他人成绩的由衷欣赏和赞叹，对弱者发自内心的体恤和恻隐，更表现为慎独时的自律，不卑不亢的得体，不用他人提醒的自觉。素养使人精神充实而阳光自信，敬畏规则而遵纪守法，感情丰富而与美同行。

一、冰山理论

对于素养结构的认识，可以从美国最著名的心理大师萨提亚的一个非常形象的比喻入手：就像一座漂浮在水面上的巨大冰山，能够被外界看到的行为表现或应对方式，只是露在水面上很小的一部分，而长期处于水面之下的山体，则是包含了观点、期待、感受等在内的真正自我表达，藏于水底，不为人知且长期被忽略①。

为此，借鉴冰山理论的隐喻，思考有关个体素养的内在结构，围绕知识、技能和情感态度（情感态度指价值取向、职业精神、职业道德等），我们可以构建这样一个高职学生综合素养结构图，即处于冰山上部的知识和技能，是显性、表象的，是相对易于习得的；情感态度则处于冰山下部，是隐性、潜在的，对人的职业生涯可持续发展至关重要，而这种素养的养成在教育实践中同样被长期忽视。这个比喻形象地告诉我们，一个人的知识、技能只是浮在水面的冰山一角，而支撑劳动者走高走远、可持续向前的关键是集合价值取向、职业道德、从业素养等潜藏于冰面之下的文化素养。

二、素养养成

文化建设的根本在于按照循序渐进的原则，结合学生成长成才的规律，积极探索文化养成教育的渐进式过程，最终实现用文化的力量塑造学生理想人格。《周易》中所强调的"化成"就为我们提供了一个充满智慧的思想方法，仅仅一个"化"字便显出了四两拨千斤的能量。自然界有春风化雨的滋润，人类社会有"人猿相揖别"的漫长进化和渐变中的同化，人类自身有水谷精微的消化

---

① 《萨提亚家庭治疗模式》，世界图书出版公司2007年版。

和运化，其"化"的过程神奇而玄妙，它是一个具有非凡力量和生命张力的动词。而"化成"二字更是将人类文明的演化进行了形象的演绎，从野蛮无序到秩序法治，从颠沛离乱到和谐文明，怎一个"化"字了得！它一语中的，将人类精神的进化与文化的持续影响交融，并生动地告诉我们，文化是孕育人类文明的阳光，文化是人类进步的助推器。

"化成"作为一个过程态，是素养养成的关键阶段，它包含了浸润的艰辛、渐进的磨砺、反思的痛苦、取舍的智慧、素养的养成。它大致可以分成知情行三个阶段：其一，文而化之。此"文"指的是人类一切物质和精神文化知识，具体指在育人的过程中将适合学生年龄特点、学历层次、认知水平的文化科学知识，通过授业解惑，让学生用良好的文化学习态度和方法去认知、理解、掌握其要义，这是一个知的过程。其二，化之为文。此"文"指的是经艰辛修炼所获的情感态度等精神价值，其内化的结果就是理想人格的养成。它是生命气质的修炼，是文化穿越我们内心形成的举手投足的良好习惯和高尚人格，这是情的过程，也就是情感态度的形成过程。其三，行而致远。即求索的过程和追寻的目标，指良好的素养以它深邃的影响力伴随个人的成长。古人云：言之无文，行而不远。同样拥有素养便能成为高职学生行稳致远的引擎和隐形翅膀，在未来的人生路上，素养不仅会支撑他持续向前，走远飞高，即使适应新岗位需求、更换人生跑道、或者历经各种人生况味，也能支撑他义无反顾地向着新的目标奔跑，继续闪耀青春和理想的光芒，去寻找人生出彩的机会。

三、素养框架

2003 年国家人事部颁发了《国家公务员通用能力标准框架》，内涵如下：1、政治鉴别力；2、依法行政能力；3、公共服务能力；4、调查研究能力；5、学习能力；6、沟通协调能力；7、创新能力；8、应对突发事件能力；9、心理调适能力。它是对公务员综合素养的总体要求，体现了国家对人才的价值标准。在此，借助公务员基本能力框架的构建思路，结合《现代职业教育体系建设规划（2014—2020 年)》关于加强科学素养、技术思维、实践能力教育的要求，基于社会、职业、岗位对人的素养的需求，构建高职学生的综合素养基本框架。

高职学生综合素养基本框架表

属性	素养类型	素养指标
社会	基本素养	政治素养、品德素养、法律素养、人文素养、科学素养、健康素养。
职业	通用素养	自主学习能力、信息处理能力、数字应用能力、人际沟通能力、团队协作能力、环境适应能力、问题解决能力、创造创新能力
岗位	特定岗位素养	基于完成特定职业岗位之典型工作任务所需要的素养，它具有行业规范性，专业独特性与任务的规定性等特点。

（一）基本素养

指现代人立足社会、做合格公民应具备的基本能力，包含政治素养、品德素养、法律素养、人文素养、科学素养和健康素养等。

1. 政治素养

指拥有坚定的信念，拥有符合国家主流思想的人生观、世界观、价值观，它包含作为一个社会人必备的公民意识和社会担当。尤其是面对意识形态的多元化，在政治方向上能独立思考和判断，具备一定的政治洞察力，能顺应时代发展并经受考验。做一个政治上的明白人，这是成为可靠接班人的重要素养。

2. 品德素养

指自觉遵循共同的生活和行为准则，注重自律，也指通过舆论与反思，不断地修正自己的行为，在是与非的甄别中，始终保持头脑的清醒与自知，明辨是非，从善如流，以真善美为价值追寻，是成为合格公民的重要素养。

政治素养和品德素养重在培养学生正确的三观和良好的道德品质，形成有高度、有视野的人生态度，其思维品质具有如下特点：

深刻性——能透过现象看本质，判断事物发生的态势，具体问题具体分析，不一叶障目，能见微知著，所谓"乱花渐欲迷人眼，浅草才能没马蹄"。

敏捷性——能迅速判断是与非、美与丑、真与假，并做出正确的取和舍，不机械、不泥古，所谓"竹外桃花三两枝，春江水暖鸭先知"。

批判性——注重反思，以理性的批判眼光减少盲目、偶然和片面，在否定之否定中形成正确的取向。所谓"千淘万漉虽辛苦，吹尽黄沙始到金"。

多层统一性——去粗取精，去伪存真，由表及里，分析事物的多形态、多层面，找到事物发展的规律。所谓"横看成岭侧成峰，远近高低各不同"。

3. 法律素养

指一个人认识和运用法律的能力，它包括法律知识、法律观念、法律能力和法律信仰。学习法律知识，了解法律的概念、本质和常用法律规范，是树立良好的法律意识和法律信仰的前提和基础；法律观念是强调用法治思维干事创业的思想意识；法律能力则是公民知法、守法、护法的行为自觉；树立法律信仰则是法律意识的最高层次。

4. 人文素养

即人文知识积淀、内化而形成的人文精神，指坚持以人为本、尊重人的价值、关心人的利益所形成的思想修养和内在品质。古人云："兴于诗，立于礼，成于乐"，讲的就是人文精神对民族精神塑造的重要性。而加强人文学科的学习，有助于培养学生优秀的文化品格和人文素养的养成，即坚守信念、矢志不渝，视野开阔、善于思辨，以人为本、珍惜生命，热爱生活、富有情趣，敬畏自然、注重环保。人文素养具有启迪心智的作用，引导学生用哲学的、历史的、文学的、审美的眼光审视世界，看待社会，认识人生。

5. 科学素养

国际上普遍将科学素养概括为三个层次：对于科学知识达到基本了解的程度，对科学的研究过程和方法达到基本了解的程度，对于科学技术对社会和个人所产生的影响达到基本了解的程度。① 高职院校通过科普讲座、科技活动、专业技术技能培训、现代网络媒体宣传等形式，结合专业课程教学，不断提高学生的科学素养，是现代职业教育的重要职责。

6. 健康素养

世界卫生组织曾给健康素养下了一个定义："健康素养代表人的认知和社会技能，这些技能决定了个体具有动机和能力去获取、理解和利用与健康相关的信息，并通过这些途径能够改进和维护健康"。将健康素养教育作为一种文化现

---

① 重庆市科学技术协会组编：《科学素养读本》（八年级），重庆出版社 2007 年版。

象，上升到文化层面，其意义在于让高职学生懂得公民健康是国家繁荣、民族昌盛、人民幸福的根本保障，是实现中国梦的重要基石。生命健康教育就是要培养学生重视身体健康，关注心灵健康的意识，养成健康生活方式的意识和习惯，学会科学管理身心，掌握必要的保健技能，提高健康运动水平，这是学生职业生涯可持续发展的基本前提。

（二）通用素养

职业通用素养是现代人从事职业活动和可持续发展所应具备的与职业能力相关的素养，它不同于专业素养，具有从事不同职业所需素养的共性特征和普遍适应性，是支持个体成长发展的重要能力。我们认为，高职学生所应具备的职业通用素养主要包括自主学习能力、信息处理能力、数字应用能力、人际沟通能力、团队协作能力、环境适应能力、问题解决能力、创造创新能力等八种能力。

1. 自主学习能力

以个体作为学习的主体，通过阅读、听讲、研究、观察、实践等，获取知识与技能、提升情感与价值的行为方式，是与传统的被动学习相对应的一种现代化学习方式。托夫勒在《第三次浪潮》一书中强调，未来的文盲不是不识字的人，而是没有学会怎样学习的人。

2. 信息处理能力

指用信息技术获取、理解、筛选、利用信息的能力，关键是能用信息技术解决实际问题，是信息化社会重要的应用能力之一。

3. 数字应用能力

指通过对数字的采集与解读，计算及分析，在计算结果的基础上发现问题、做出评价，并对相关工作提供有价值的信息、方法、理论。

4. 人际沟通能力

指在日常的学习、工作和生活中，人与人之间进行的交流、理解、分享，它不仅考验个体语言表达能力，更体现为自身的知识、素养和品德。

5. 团队协作能力

指建立在集体基础之上，发挥集体精神，众志成城，实现最大工作效率的能力，其核心是团队精神，它包括个体间的相互支持、包容、尊重、欣赏、信任等。

6. 环境适应能力

指人在特定的时空中对环境（主要指人文社会环境）的适应状态。对现代人而言，一岗定终身的情况已渐行渐远，多岗锻炼则成为职业生涯的常态，自觉调整心理适应力，迅速适应岗位环境，有助于事业的推进。

7. 问题解决能力

指以问题为导向，在发现问题中找原因，在分析问题中求方法，在解决问题中求突破，最终实现任务的完成，善于解决问题是一个人综合素质的集中体现。

8. 创造创新能力

指在技术和各种实践活动领域中想出新方法，建立新理论，提出新思想，搞出新发明，并产生经济价值、社会价值、生态价值。创新能力是民族进步的灵魂，也是大众创业、万众创新的时代要求。

（三）特定岗位素养

指现代人基于具体岗位需要并拥有的特殊能力，是基于完成特定职业岗位之典型工作任务所需要的素养。每个行业有各自通行的准则，不同岗位有不同的职业标准，这些独特的专业标准、规范的职业道德、特有的职业禀赋需求，会使相应的职业群体打上深深的烙印。特定岗位素养具有行业规范性、专业独特性与任务的规定性等特点，甚至还需要具备相应的特质。不同职业岗位，对职业素养的具体要求各有不同。如：旅游管理专业应具备热情诚恳的服务意识、尊重自然的环保意识、精准统筹的时间意识、遵守合同的诚信意识、灵活务实的应变意识；建筑工程技术专业应具备安全规则意识、质量品牌意识、生态环保意识、诚信法治意识、艺术审美意识等；学前教育专业应具备师德为先的爱心、幼儿为本的责任心、纯真的童心、缜密的细心、持久的耐心等。

（绪论由赵军撰稿）

第一篇

01

| 思 源 篇 |

第一章

追本溯源 传承有序

第一节 百年老校 底蕴深厚 (1906~2002)

一、岳秀女学

清朝末年，废科举兴新学，女子也纷纷要求读书。1906 年（光绪三十二年），岳池县教育会陈钟奎、吴森举、陈帮候等呈请核准创办了岳秀女学，校址在县城旧试院西文场（即今岳池县城关中学内）。这也是岳池县最早新创办的初级小学。

1911 年（宣统三年），岳秀女学更名为岳池县城女学堂，这是岳池女学初具班级授课形式的学堂。

辛亥革命后，1912 年（民国元年），从岳秀女学毕业的学生越来越多，不少人要求就近深造，于是岳秀女学增设高级部，学校也更名为岳秀女子两等小学校，是年 8 月呈报四川省行政公署备案，校址移在旧汛厅（县文庙附近），招收女子师范班，为岳池开办的第一届师范班。1913 年（民国 2 年）7 月，又奉令改名为岳池县立女子高等小学校，附设初小。同年 9 月，南京临时政府教育部公布了《师范教育令》，学校在该年又增设了师范科，本校高小毕业的学生，可升入师范科继续读书。

二、岳池县立简易师范学校

1915 年（民国 4 年）10 月，在以时任校长杨星阶为代表的岳池社会上层人士积极倡导和请求下，四川巡按公署第 278 号文令将岳池县立女子高等小学校正式更名为岳池县立女子师范学校，附设女子小学和幼稚园，校址在岳池县中南街文庙（县文庙）。岳池县立女子师范学校，是岳池开办最早的最高学府，也是全川最早县城开办女师的学校之一。学生来源很广，不但本县百姓积极送女子入学，而且广安、南充、邻水等县的一些有识之士也送女子来岳池女师就读，远近闻名。

1922 年（民国 11 年）秋，民国政府推行"中师合一"，学校奉令并入由蚕桑实业所（今岳中校址）创办的岳池县立中学堂，除办初中外，还招收四年制简易师范，这也是学校开办男子师范的开始。

1946 年（民国 35 年）4 月，经岳池县参议会一届二次会议讨论通过，县府报省府核准，于 1947 年（民国 36 年）上期正式成立岳池县立简易师范学校，校址在岳池县会府街凤山书院（今岳池城关中学内）。国民党岳池县党部书记长吕黛佛任校长、李培基任教务主任、杜铁生任训育主任，学校成立了教学设施委员会、经费审核委员会和学生就业指导委员会，并谱写了《岳池县立简易师范学校校歌》。

1948 年（民国 37 年）8 月，岳池县立简易师范学校校长吕黛佛提案；"……查岳池国民学校五百余所，中心校四十余所，应需教师一千一百余人，而合格者仅三百余人，急需培养优秀师资……为提高国民教师素质，理应改为师范学校。"同年 12 月 27 日，省教育厅第 17387 号令；"……师荒以告解决，惟简师生年龄稚幼，学识缺乏，影响国民教育，程度之低落……特规定县立简师校一律筹备县立师范学校。"因此，1949 年（民国 38 年）上期，岳池县立简易师范学校正式更名为岳池县立师范学校。同年春秋两季各招普师一个班，全校共有学生 229 人，教职工 21 人，大小房屋 64 间，校具 682 件，图书 408 本。

三、四川省岳池师范学校

1949 年 12 月 16 日，岳池县城和平解放。1950 年 1 月 17 日，中国共产党岳池县委员会和岳池县人民政府同时宣告成立。同年 2 月 25 日，县人民政府发出《关于接管岳池县立师范学校的通知》，并任命黄玉及为主任委员，刘天雄为副主任委员，郭礼宾、罗竹君、谢永滋、沈秋池、李德惠等为委员，组成岳池县立师范学校接管委员会。2 月 27 日，接管委员会的全体同志查看了破旧不堪的校舍和残缺不全的校产，以及学生名册，正式接管了岳池县立师范学校。同时，决定黄玉及代理校长，刘天雄代理副校长，谢永滋代理教导主任，沈秋池代理总务主任。商拟了班级制、课程设置，规章制度，招聘了教师，废除了训育制度和军训管理，实行教导制度；取消学生公费，实行人民助学金制度。学生分别编为普一班、普二班、简一班、简二班，于 1950 年 3 月 10 正式开学。从此，岳池师范学校就在新中国的怀抱中获得了新生。

1952 年春，四川省教育厅下文将岳池师范学校更名为四川省岳池师范学校，直属省教育厅，并派南充专署秘书钟仁祥同志担任校长。由于学校教舍狭窄陈旧，难以扩展，同年 7 月，省教育厅拨款 20 亿（旧币，折现人民币二十万元）给岳池师范新建校舍，在县委县府的领导下，学校择定东门外冯家公园及附近的土地为新校址，面积 190 多亩，同时组成了岳池师范建校委员会，具体负责建校工程，当年 9 月动工。1954 年初，学校教学楼、宿舍楼和食堂（兼做礼堂）竣工，校区道路、校门、水井、运动场、排水沟等也相继建成。

1954 年 4 月中旬，岳池师范从岳池县中南街凤山书院校址（县文庙附近）迁入新校舍（今广安职业技术学院岳池校区，岳池县东外街 203 号）。

1966 年 1 月，学校更名为四川省岳池半农半读师范学校，随后开展"社教运动"等，1971 年开始复课。

1977 年，学校恢复使用"四川省岳池师范学校"名称，恢复高考后，学校招收高中毕业生，学制两年。

1982 年，学校恢复招收初中毕业生，学制三年。

1992 年，学校开始创办校办工厂，为师生提供了参与社会实践的平台。

1994 年，学校开始招收中师体育专业、文秘专业学生。

1999 年，学校开始招收中师幼教专业学生。

2000 年 5 月，学校被四川省教委确定为全省保留的 17 所招收小教大专、学前教育大专生的试点学校之一，开始举办五年制师范大专班，招收初中毕业生，学制五年。

2002年6月29日，学校挂牌成立四川师范学院广安初等教育学院，四川师范学院党委书记、院长佘正松教授、副院长聂应德教授为"四川师范学院广安初等教育学院"授牌、授旗、授印。广安市委副书记李成轩、广安市副市长康永恒、广安市人民政府副秘书长陈茂全、广安市教育局局长陈全禄等出席成立大会。

2002年9月，广安市委决定以岳池师范学校为基础，筹建广安地方大学。

（本节由王雪松撰稿）

第二节　跨越发展　盛世同襄（2003～2017）

一、广安职业技术学院（高职高专筹建）

2003年3月，四川省高校设置评议委员会的专家在时任广安市委副书记李成轩、副市长康永恒等领导的陪同下，对学院申办广安职业技术学院的软硬件条件进行了严肃认真的评估检查。专家充分肯定了广安市委、市政府的高度重视和学院在创办中所取得的成绩，同时提出了宝贵意见，最后省高校设置评议委员会同意：积极推荐以岳池师范学校为基础筹建广安职业技术学院，筹建期一年。2003年5月16日四川省教育厅川教函〔2003〕190号文批复同意筹建广安职业技术学院，筹建期一年。

2003年2月25日，四川省高校设置评议委员会专家组领队、省计委副主任扎喜旺登，专家组组长、省高校设置评议委员会副主任委员、教授徐宗钰一行10人，到广安市考察评议广安职业技术学院申办工作，认为广安有条件和实力升办地方普通高校。3月19日至21日，四川省教育厅领导、省内部分高校负责人、省政府办公厅负责人组成的专家组，再次到广安，考察指导广安职业技术学院建设普通高校。2003年10月，广安职业技术学院在广安城南经济技术开发区正式启动新校区一期工程建设。新校区规控土地726亩，概算投入12840万元，分两期建设。

2004 年 3 月 20 日，四川省高职设置评议委员会的专家在中共广安市委、市政府、市教育局等领导的陪同下，对广安以岳池师范学校为基础筹建广安职业技术学院进行了复查验收。专家们对学院的建设给予了高度评价，一致同意推荐以岳池师范学校为基础，成立广安职业技术学院。

2004 年 4 月 6 日，经四川省高校设置评议委员会评议，同意广安市以岳池师范学校为基础成立广安职业技术学院。

2004 年 4 月 29 日，四川省人民政府（川府函〔2004〕93 号）批复：同意建立广安职业技术学院，同时撤销四川省岳池师范学校建制。

二、广安职业技术学院（高职高专建设）

2004 年是邓小平 100 周年诞辰。为填补广安高等教育空白、向小平同志 100 周年诞辰献礼，2003 年 1 月，经反复考察论证、研究，四川省教育厅和广安市人民政府决定在原岳池师范学校的基础上筹建广安地方普通高校。

经过一年多的筹建，2004 年 2 月，广安职业技术学院顺利通过省高校设置评估专家组复查评估。4 月 29 日，四川省人民政府批文，正式同意成立广安职业技术学院。至此，岳池师范学校完成了时代赋予的历史使命并成功升格，广安职业技术学院传承了岳池师范学校的优良传统，以崭新的姿态登上了历史的舞台，成为了广安市第一所也是唯一的一所公办性质的全日制普通高等职业院校。当年 10 月，学院教学楼、学生宿舍和学生食堂正式投入使用。学院按照普通高校管理模式，全面试行院、系两级管理，内设文史系、数理系、艺术系、英语系、计科系、基础部等 6 个系部。学院有教职工 236 人，秋季首次招收高职学生 517 人，使全校在校生达到 3300 余人。

2005 年 4 月 27 日，经市委批准，学院成立了党委和纪律检查委员会。11 月 18 日，市政府召开第 32 次常务会议，研究广播电视大学与广安职业技术学院资源整合实施方案。11 月 24 日下午，市委召开常委会议室，专题研究广安职业技术学院建设与发展有关问题，决定要加快学院发展，千方百计解决面临的生均拨款问题、基本建设资金问题、学院周边环境问题、师范类学生定向培养问题、流动资金问题以及图书馆建设问题。通过多方努力，学院筹措资金 1100 余万元，加快了新校区硬件建设，建成 5 个 56 座的标准化网络教室，完成了学院各处（室）办公室和计科系、数理系搬迁。学院全年招收新生1042人，突破千人大关，在校生人数达到3700余人。同时，学院首次组团参加"四川省大学生第四届艺术节"，获一等奖1个、二等奖2个、三等奖3个。小教专业办学水平通过省教厅专家组评估验收，成功申报新专业4个。

2006年，学院加快推进扩地建校工程建设，完成了新区道路硬化，三通一平、管网、配电、简易球场、简易校门等设施建设。启动了学生食堂，第三、四幢学生公寓，暗河整治等建设项目。同时，学院坚持走"工学结合、校企合作"之路，改革育人模式，被省教育厅确定为试点院校。当年，学院在校学生达到5200人，组织机构逐步完善，各项管理和教育教学工作步入正轨。

2009年12月22日，教育部委托四川省教育厅组织的专家组，对广安职业技术学院人才培养工作进行了现场考察和评估。评估组充分肯定了学院人才培养工作，认为广安职业技术学院立足广安实际，紧紧围绕"以服务为宗旨，以就业为导向，以高职教育为主题，以职业技能培训鉴定及继续教育为两翼"的指导思想办学，办学条件不断改善，人才培养质量不断提升，为地方经济社会发展做出了较大贡献。

为进一步做大做强广安职业技术学院，2010年9月，广安市人民政府决定，将广安区中等卫生职业技术学院与广安职业技术学院进行资源整合，实行联合办学。广安市政府还决定，广安职业技术学院作为业主在学院规控土地上修建广安市（邓小平）体育中心，按2.5万个座位的标准化体育场建设，包括网球场等附属设施。与此同时，学院党委会决定，从2010年9月起，在2010级新生所有专业开始试行学分制。学院成功申报了城镇规划、建筑装饰工程技术和汽车运用技术3个新专业，使学院高职专业总数达到30个。在课程建设方面，《课件制作》被确立为年省级精品课程，实现了学院省级精品课程零的突破。

学院的发展得到了省教育厅和国家教育部的支持。2011年4月8日，四川省教育厅和广安市政府共同签订了共同建设广安职业技术学院协议书。签字仪式在广安市委六楼常委会议室举行。四川省副省长黄彦蓉，省委教育工委书记、省教育厅厅长涂文涛，市委副书记、市长侯晓春分别代表省教育厅、广安市政府签署了省市共建协议。广安职业技术学院成为了省内第一所省市共建的高等职业院校。2011年12月17日，四川省人民政府和教育部签署了《共建"广安市教育改革发展试验区"战略合作协议》，其中将"支持广安职业技术学院发展"作为了重点建设任务。这让广安职业技术学院成为了四川省唯一的一所"部省市"三方共建的高职院校。在"部省市"三方共建下，学院建设发展迎来了历史的春天。当年，学院新生报到人数大专新生实际报到人数达1905人，报到率为81.31%，新生报到率创历史新高。

2012年10月31日，广安职业技术学院被确定为首批省级高技能人才培训基地。省财政厅、省人社厅已下达省级高技能人才培训基地项目省级补助资金300万元，主要用于购置高技能人才培训设备等，以切实改善广安市高技能人才培训基础条件，推动广安市高技能人才培训工作。根据有关政策，中央财政对国家级高技能人才培训基地和国家技能大师工作室建设项目分别给予500万元和10万元一次性资金补助，省财政对评定的省级高技能人才培训基地建设项目给予300万元一次性资金补助。2012年，学院实现毕业生就业率93.07%，荣获全省高校就业工作先进单位称号并授牌表彰。

为进一步加快学院建设发展，2013年3月22日，市委召开办公会议，专题研究广安职业技术学院创建省级示范性高职院校有关事宜，同意广安职业技术学院和广安广播电视大学联合办学，进一步整合广安市高等职业教育资源，同时要求学院积极申报省级示范性高等职业院校建设项目。6月，广安职业技术学院成功进入省级示范性高职院校建设单位行列。12月，学院成功申办广安技师学院。至此，学院形成了以高等职业教育为主体、继续教育和技师学院为两翼的"一体两翼"发展格局，步入了发展快车道。2013年，学院三年制大专招生人3306人，在校学生首次突破万人大关，学院荣获四川省教育厅"普通高校毕业生就业先进集体"。

2014年5月30日，广安职业技术学院发起并组建成立了广安职业教育集团。集团的成立，彻底改变了广安职业教育单打独斗的局面，形成了抱团发展、千帆竞发的职教资源转化战略，推动职业教育规模化、集约化、连锁化和可持续发展的良好局面。集团由69所高职、中职、中小学校、幼儿园、155家骨干行业企业、8家医院和25个政府职能部门组成，成员单位共259家。广安职业技术学院依托职教集团资源，结合学院旅游管理、建筑工程技术和学前教育专业和集团内的相关资源，挂牌成立了广安旅游职教中心、广安学前教育中心和广安建筑工程中心，助力三个专业的建设与发展。

2016年1月11日，四川省级示范性高职院校项目验收组来广安市，对广安职业技术学院省级示范性高职院校建设项目进行终审验收。验收组专家实地考察了校内实验实训基地的建设情况，听取了项目建设情况的总体汇报，对有关问题进行咨询，审核了相关资料，形成并反馈了专家组验收意见。专家组对该学院示范性创建工作给予了充分肯定，并希望广安市进一步整合职教资源，深化体制机制创新，加强校企合作，强化专业建设，优化人才培养模式，更好地发挥示范引领和辐射作用，为地方经济社会发展建设提供人才支撑。市委常委、宣传部部长唐雄兴、副市长陈全禄出席验收会。

2016年5月16日下午，我院与前锋区联合举办广安技师学院就建设项目办学选址、总体思路、土地问题、教师支教等情况进行了交流并达成初步共识。6月1日，学院与前锋区举行广安技师学院项目签约仪式。6月13日，学院与市中医医院签订战略合作协议。协议约定，学院确立市中医医院为教学医院，市中医医院在学院挂牌设立"广安市中医医院教学科研中心"，标志着学院与市中医医院在人才、设备、实训、就业、教学科研等方面的深度合作正式起航。6月18日，经省旅发委、省教育厅等专家审核评估和公示，我院被正式授予"国家西部旅游专门人才培训示范单位"。8月19日，省卫计委专家组莅临我院就申办护理、康复治疗技术、医学检验技术3个高职医卫类专业进行了实地考察并评审。9月，省卫计委正式下发文件，同意我院护理、康复治疗技术和医学检验技术3个专业申办为高职专业。

三、广安职业技术学院（应用型本科筹建）

2016年6月，广安市出台了《广安市国民经济和社会发展第十三个五年规划纲要》。"纲要"指出："加快高等教育发展，支持广安职业技术学院优化学科专业布局。探索混合所有制改革，积极争取建设应用型本科学院"。同年11月，中共广安市委第五次党代会和广安市第五届人民代表大会相继召开，党代会和人代会政府工作报告也明确提出"加快推进广安职业技术学院创建应用型本科院校"。

为贯彻落实市委、市政府决定，学院草拟了《广安职业技术学院"十三五"

发展规划》和《广安应用技术大学建设发展规划》，将建设应用型本科院校作为未来五年学院的奋斗目标和建设任务。为顺应本科院校建设需要，2月16日，学院召开二级教学学院成立大会，决定撤系改院、专业重组，对原教学系部进行全面调整，撤销原有8个系，新成立了8个二级教学学院，实行二级管理。

学院的应用型本科筹建工作得到了省市领导关心。4月6日下午，市人大常委会主任余仪率市人大常委会部分组成人员赴学院，就学院建设发展情况暨创建应用型本科院校发展规划进行视察。4月11日下午，市委书记侯晓春陪同省政协教育委员会副主任林强到学院参观。4月13日，市政协主席肖雷一行到学院视察调研，并召开学院建设发展座谈会。市领导们指出，依托广安职业技术学院建设应用型本科院校，是广安经济社会发展的需要，是广安470万人民的殷切期望，是市委、市政府"十三五"期间教育事业发展的一件大事。要求学院教职工一定要齐心协力，深入推进混合所有制改革，大力提高育人质量，为"升本"奠定坚实基础。同时，要求各部门要积极支持，全力配合，举全市之力争取早日建成广安应用技术大学。

（本节由张志高撰稿）

第二章

毓秀宕渠　山高水长

　　广安这一方热土，具有悠久灿烂而丰厚的地方文化。著名作家马识途曾为世纪伟人邓小平故居撰写长联："扶大厦之将倾，此处地灵生人杰，解危济困，安邦柱国，万民额手寿巨擘；挽狂澜于既倒，斯郡天宝蕴物华，治水秀山，兴工扶农，千载接踵颂广安。"广安，位于四川省东北部，东、南两部分与重庆市垫江县、长寿区、渝北区、合川区接壤，西部与遂宁市蓬溪县和南充市嘉陵区、高坪区相邻，北部与南充市蓬安县和达州市渠县、大竹县毗连；毓秀宕渠，山高水长，渠江、嘉陵江浩浩荡荡，奔流至祖国的母亲河——长江，华蓥山、铜锣山巍巍峨峨，盘亘于美丽的广安。广安职业技术学院作为世纪伟人邓小平故里的唯一高校，深受这一方水土的滋养，培养出了如陈联诗、邓惠中（二人均为革命浪漫主义小说《红岩》"双枪老太婆"原型人物）等众多的优秀校友。

第一节　斯郡物华蕴天宝

一、悠久广安

　　广安具有悠久的历史，其远古居民是"巫山人"。据考古发掘，川东地区史前文化发端于200万年前的旧石器时代早期，其代表性的古人类是"巫山人"。"巫山人"结束于4000多年前的新石器时代末期，其代表性文化是"巫山大溪文化"。

　　由于川东、重庆地区在夏朝（约公元前2070年～约公元前1600年）时被称为"巴方"，在商朝（公元前 16 世纪初～公元前 11 世纪中）被称为"巴奠（甸）"。因此，川东、重庆地区的巫山人后裔逐渐被人们称为巴人。

商朝时，巴人年年纳贡，岁岁服役。后来，由于不甘商朝压迫，公元前 11 世纪，巴人参与了周武王伐纣。由于伐纣有功，西周建立后，巴人被封为子国，首领为巴子，因而巴国又叫巴子国，简称巴国。

春秋战国时期，广安为巴国辖地。公元前 316 年（周慎靓王五年），秦惠文王命张仪、司马错举兵灭巴蜀，设巴郡于江州（今重庆市），广安为巴郡辖区。

公元 522 年（南朝梁普通三年），南朝梁从巴郡宕渠县分出部分地域设置始安县（今广安区）。公元 598 年，始安更名为賨城县。公元 618 年，賨城县复名始安县。

公元 969 年，宋朝设置广安军，辖渠州之渠江县、合州之新明县、果州之岳池县。广安，取其"广土安辑"，即疆土广阔、安定和睦之意。

公元 1266 年，广安军改为宁西军。公元 1278 年，宁西军废。公元 1283 年，元朝设置广安府，辖渠江、岳池、大竹、邻水、渠县五县。

公元 1371 年，明朝改广安府为广安州，辖岳池、大竹、邻水。洪武十年（公元 1377 年）渠江县被废除，其地并入广安州。公元 1456 年（明成化元年），广安州增辖邻水县。公元 1644 年（明崇祯十七年），张献忠入川，建立大西政权。

公元 1647 年，清军灭大西政权，广安州继续存在，但不辖县，直至清末。辛亥革命后，公元 1913 年，广安州改为广安县。公元 1935 年（民国 24 年），川政统一，广安、邻水两县属四川省第十行政督察区，岳池、武胜县属四川省第十一行政督察区。

1949 年 12 月中、下旬，邻水、武胜、广安、岳池四县相继解放。广安、邻水县属川东行政区大竹专区，岳池、武胜县属南充专区。公元 1953 年，大竹专区撤销，广安县划入南充专区，邻水县划入达县专区。

1993 年 7 月 2 日，国务院批准设立广安地区，辖原属南充地区之广安、岳池、武胜县、华蓥市和达县地区之邻水县。1998 年 7 月 31 日，国务院批准撤销广安地区，设立地级广安市，辖岳池县、武胜县、邻水县和广安区（原广安县），华蓥市由四川省直辖、委托广安市代管。2013 年 2 月，经国务院批准，省政府批复同意广安市设立前锋区，将广安区的奎阁街道，前锋、代市、观塘、护安、广兴、观阁、桂兴7个镇，光辉、龙滩、小井、新桥、虎城5个乡划归前锋区管辖。目前，广安已形成6个区市县（2个市辖区、3个县，代管1个县级市）和国家级经济技术开发区、枣山物流园区、协兴生态文化旅游园区，面积6344平方千米，在册户籍总人口470万。

二、红色广安

广安红色文化资源丰富，有邓小平故里、小平故居陈列馆、思源广场、华蓥山游击队根据地遗址、岳武起义遗址等红色旅游景点与红色革命旧址；川东地区又是老一辈无产阶级革命家朱德、罗瑞卿、刘伯坚、张爱萍、王维舟、魏传统等的故乡，是全国第二大苏区——川陕革命根据地的中心地带。

邓小平故里：1904年8月22日，邓小平同志诞生在广安协兴镇牌坊村，并在这里度过了15年青少年时光，留下了众多遗迹。2001年8月9日，经四川省委、省政府批准，成立了邓小平故居保护区，成为全国重点文物保护单位，范围包括邓小平故居、

邓小平故里景区

邓小平铜像广场、邓小平故居陈列馆、邓小平故居缅怀馆，以及蚕房院子、翰林院子、德政坊、神道碑、放牛坪、清水塘、邓家老井、洗砚池、邓绍昌墓等近20处邓小平同志青少年时期的活动场所；同时这里也是全国爱国主义教育示范基地、国家AAAAA级旅游景区和中国十大红色旅游目的地之一。

华蓥山革命遗迹：广安华蓥山区紧邻重庆市，新中国成立之前是国民党兵源、粮源要地，为了牵制敌人，迎接解放军入川，1947年至1949年，华蓥山区掀起了汹涌澎湃的革命巨澜，为人们留下了大量的革命历史遗迹，广安华蓥山

游击队遗址便是其中之
一。英雄而神奇的华蓥
山，铸就了广安坚强的
脊梁。红岩英烈的精神，
华蓥山游击队的壮举，
"双枪老太婆"的传奇，
《新华日报》造纸厂的
遗迹，赋予华蓥山无上
的荣光。广安华蓥山游
击队遗址包括了《新华

华蓥山景区"双枪老太婆"雕塑

日报》纸厂遗址、阳和老街地下革命活动遗址、阳和碗厂遗址、界牌巧夺军车
遗址等，现已成为青少年革命传统教育基地。华蓥山游击队是中国共产党直接
领导下华蓥山地区人民采取游击战争方式反抗国民党反动派的重要武装力量。
人们所称的华蓥山游击队，主要是指1948年秋天中共川东临委组织和领导的西
南民主联军川东纵队。著名小说《红岩》中的双枪老太婆就是华蓥山游击队的
形象再现。

在广安境内，有岳池中和镇陈联诗、廖玉璧烈士陵园、余家场苏维埃政府、
齐福会议、伏龙起义遗址、罗渡会议遗址、吴雪故居、天宝寨川北民军战斗遗
址、文昌寨川北赤卫军战斗遗址、阳和革命烈士纪念碑、黄花岭华蓥山游击队
战斗遗址、三元寨华蓥山游击队战斗遗址等众多红色文化遗址，这些红色革命
遗址是广安宝贵的精神财富，受到了广安地方政府保护。

三、美丽广安

广安市是中国优秀旅游城市、国家园林城市、全国森林城市、全国卫生城
市和全国文明城市，广安市区环境优美，有思源广场、思源大道、东门码头、
协兴古镇、白塔、奎阁、神龙山巴人石头城等著名景点。

广安6344平方公里的土地，山清水秀，是川东著名的旅游胜地和度假胜
地。这里除国家5A级景区邓小平故里外，还有风景名胜20余处。其中，华蓥
山旅游区属于国家4A级景区，面积20平方公里，由佛教文化区、石林、天坑

溶洞、峰丛景观、田园风光、华蓥山游击队战区遗址以及游人活动中心、接待中心等几个部分组成，游人所至的高登山海拔 1704.1 米，是四川盆地川东最高峰。华蓥山旅游区有蔚为壮观的"四绝八景"（四绝为日出、佛光、云海、

思源广场夜景

圣灯，八景为华蓥积雪、宝鼎连云、三花异树、九字灵泉、渠江落照、石镜斜阳、华严古洞、玉壁浮光）。至今，每年仍吸引数十万佛教信众前来朝拜。其他景点，如，华蓥天池、邻水天意谷、武胜宝箴塞、褒先寺、肖溪古镇、沿口古镇、顾县古镇、岳池文庙、岳池翠湖、邻水千岛湖等风景名胜均具有历史文化价值和自然保护价值。

随着新农村建设的推进，广安新建了大量的乡村文化旅游景点。其中，武胜白坪——飞龙度假区覆盖白坪乡、飞龙镇、三溪镇 3 个乡镇连片 29 个行政村，辖区面积 50 平方公里，突出传统农耕、民俗文化和田园风光特色，分布

奇特的华蓥石林

花样年华、橙海阳光、丝情画意、四季花海、开心农场、金色大地六大景区，及红岩英雄文化陈列馆、中小学生综合实践基地、下坝记忆、甜橙新村、柑桔博览园、竹丝画帘文化村、剪纸艺术文化村、河尔口庄园、航空基地、荷塘月色、李家老院、胜天渡槽等景点，是全国休闲农业与乡村旅游示范点、国家 5A

级乡村旅游景区、国家级旅游度假区，是集休闲度假、观光体验、文化创意于一体的度假胜地。

四、富饶广安

广安地处亚热带湿润季风气候区，气候温暖，热量充足，雨量丰沛，物产丰富。广安市农业物产丰富，盛产稻谷、玉米、高粱、小麦、柑桔、蚕茧、生猪等农副产品，广安松针茶叶、岳池黄龙贡米、武胜良种生猪、邻水优质脐橙、华蓥绿色山珍声名远播，素有"金广安（玉米），银岳池（大米），红武胜（高粱）"的美誉，是全国商品粮生产基地、瘦肉型生猪基地和丝绸之乡。广安作为国家现代农业示范区，资源富饶，适宜农、林、牧、副、渔业综合开发。

广安，矿产资源丰富，有煤、天然气、矿泉水、沙金、岩盐、石膏、石灰石、白云石、硅石、冰洲石、含钾岩石、菱铁矿、锐钛矿、铝土矿、硫铁矿、磷矿、油页岩、玄武岩、辉绿岩、石英砂、耐火黏土、锂、铍、锗、铬、硼等30余种。其中原煤蕴藏量7亿吨，是华蓥山煤田的富集区；天然气蕴藏量1000亿立方米，为四川尚未开发的特大气田之一；岩盐层厚160～200米，蕴藏量约1000亿吨；石灰石分布800余平方公里，层厚20～200米。

广安人民聪明勤劳，这里有岳池米粉、莲桥米粉、酸菜豆花面、武胜麻哥面、邻水龙须面、胭脂红萝卜、邻水脐橙、白市柚、龙安柚、广安盐皮蛋、广安烘糕、椒盐桃片、华蓥山松针茶叶、御临龙须茶、幺妹豆腐干、顾县豆腐干、醉仙牛肉干、武胜麻辣牛肉、板桥五香豆豉、华蓥山葡萄、广安蜜梨、黄龙贡米、岳池特曲、奎阁特曲等数十种地方特产。

五、发展广安

经过三十多年的改革开放，尤其是近十年的发展，广安发生了翻天覆地的变化。一是交通十分便利。目前有襄渝铁路、兰渝铁路贯穿广安境内，有广安火车南站、广安（前锋）火车站、华蓥火车站、武胜火车站、岳池火车站等停靠车站；有沪蓉高速、巴广渝高速、遂广高速、渝广高速、银昆高速、包茂高速等高速公路经过广安，形成了四通八达的高速公路网，使广安成为了川东地区重要的的交通枢纽；正在打造的广安港是广安市境内渠江、嘉陵江上一系列现代化港口组成的港群,有广安港区(新东门作业区)、岳池港区(罗渡作业区)、华蓥港区(明月作业区)、武胜港区(秀观作业区)四个港区,是川东北经济区第一个现代化港口,也是川东北经济区规划中最大的一个港口。

二是产业迅速发展。广安是国家确立的四川唯一川渝合作示范区和承接产业转移示范区,被赋予为西部地区开展区域合作提供经验和示范,为西部地区承接产业转移提供典型示范的重大使命,信息、生物、新材料、高新技术产业、物流、新能源、装备制造、建材、农副产品精深加工、轻纺等重点产业,与深圳、天津、北京中关村、成都天府新区等发达地区开展了深度的产业合作,形成了六大高端产业和六大新兴先导型服务业,近几年经济增速总保持在两位数以上,生产产值超过 1000 亿元,建成了 50 多个特色集镇。广安大力实施多点多极支撑发展、"两化"互动城乡统筹发展、创新驱动发展"三大发展战略",奋力推进"两个跨越",经济社会发展步入了历史最好时期。

六、文化广安

广安历史悠久,勤劳智慧的广安人在这片热土上生生不息,代代相传,创造了丰富的物质文明和精神文明,也孕育了内涵丰富、特色鲜明的广安文化,历史悠久的宕渠文化,可歌可泣的红色文化,精彩纷呈的民俗文化,使物产丰饶、地灵人杰的广安展现出无穷的魅力,现列举一二。

岳池曲艺文化。2007 年,广安市岳池县被中国曲艺家协会授予"中国曲艺之乡"的称号。岳池曲艺品类丰富。目前,岳池县民间不少艺人尚能创作和演出扬琴、竹琴、盘子、清音、古筝弹唱、荷叶、花鼓、车灯、连厢、金钱板、快板、评书、双簧、谐剧、方言、相声、相书(口技)、莲花落、三句半、曲剧等 20 余种形式的曲艺节目,灯戏已被列为首批国家非物质文化遗产。

武胜端午龙舟会。武胜端午龙舟会源于唐天宝初年,至清末民初臻于兴盛,据当地人称,每逢农历五月初五,武胜嘉陵江两岸人山人海,争看龙舟竞渡和游泳健儿水中抢鸭等竞技活动,这一传统在"文革"中废止。1980 年,武胜恢复端午龙舟会传统,迄今已连续举办 22 届。2004 年,武胜举办的"中国·四川嘉陵江龙舟旅游文化节暨国际龙舟赛"使武胜龙舟会走向了国际,并被四川省旅游局批准为省内唯一一个以嘉陵江命名的"嘉陵江龙舟旅游文化节"。

华蓥山幺妹节。华蓥山幺妹节每年三至五月期间举行，包括滑竿抬幺妹、靓丽幺妹大赛、天池湖抢幺妹大赛、幺妹相亲会以及坐歌堂、滑竿迎亲婚嫁等活动。华蓥山幺妹节源于传说，历史久远，近年更融入现代人文精神，展示出极强的娱乐性、趣味性和生命力。

岳池农家文化。岳池县平畴百里，物产丰饶，民风淳厚。岳池农业经济发达，农家生活安定富裕，千百年来，形成了岳池独具特色的农家文化。南宋乾道八年春，大诗人陆游旅居岳池，陶醉于岳池优美的田园风光和淳朴的民风民俗，写下了脍炙人口的诗篇《岳池农家》，岳池农家文化融入大诗人笔端，使这一民俗文化有了质的飞跃。2002 年岳池县决定每两年举办一届岳池农家文化旅游节。

第二节 此处地灵生人杰

广安，人杰地灵，在漫长的历史长河中，从这里走出的文化名人，灿若星河。曾诞生了著名史学家陈寿、诗人陈子昂，哺育了著名将军冯绲、王平、安丙，而且还培育了众多历史名臣，如游似、游仲鸿父子，忠义正直名臣王德完、张庭坚、邓小平先祖、大理寺正卿邓时敏、强化中国对南海主权的水师提督李准等。近现代广安，诞生了世纪伟人邓小平，党的宣传活动家熊复，毁誉参半的抗日名将杨森，一级战斗英雄柴云振，著名剧作家吴雪，翻译家罗君玉等一大批仁人志士与文化名人。

一、世纪伟人邓小平

邓小平（1904～1997），四川广安人，1904 年 8 月 22 日诞生于四川广安协兴镇牌坊村，原名邓先圣，学名邓希贤。邓小平是中国共产党第二代中央领导集体的核心领导者，伟大的马克思主义者，无产阶级革命家、政治家、军事家、外交家，中国共产党、中国人民解放军、中华人民共和国的主要领导人之一，中国社会主义改革开放和现代化建设的总设计师，邓小平理论的创立者。

邓小平早年赴欧洲勤工俭学，归国后，他全身心地投入党领导的争取民族独立和人民解放的革命斗争。与毛泽东等人一道缔造中华人民共和国，是邓小平的伟大贡献之一。从土地革命、抗日战争到解放战争，先后担任党和军队的许多重要领导职务，为党中央一系列重大战略决策的实施，为新民主主义革命的胜利和新中国的诞生，建立了赫赫功勋，成为中华人民共和国的开国元勋。

1949～1976年间，作为以毛泽东为核心的第一代中央领导集体的重要成员，邓小平领导和参与了共和国建设，这是邓小平的伟大贡献之二。新中国成立后，邓小平领导了西南全区的政权建设、社会改造和经济恢复，不久就参加中央领导工作，先后担任中共中央秘书长、中共中央政治局委员。在党的八届一中全会上，他当选为中共中央政治局常务委员会委员、中共中央总书记，成为以毛泽东为核心的党的第一代中央领导集体的重要成员，为党的建设的加强和改进，做出了重大贡献。后来，由于受到错误批判和斗争，被剥夺一切职务。后于1973年复出，1975年担任中共中央副主席、中华人民共和国国务院副总理、中国共产党中央军事委员会副主席、中国人民解放军总参谋长，主持党、国家和军队的日常工作。不久，由于同"四人帮"进行针锋相对的斗争，他再次被错误地撤职、批判。

再度恢复工作后，邓小平成功地保持了国家的稳定，带领国家平稳地沿着有中国特色社会主义道路前进，国家日益强大，人民日益富裕，这是邓小平一生中最伟大的贡献。他从端正思想路线入手进行拨乱反正，强调实事求是是毛泽东思想的精髓，旗帜鲜明地反对"两个凡是"的错误，支持和领导开展真理标准问题的讨论。1978年12月召开的中共十一届三中全会，开辟了中国改革开放和集中力量进行社会主义现代化建设的新时期。中共十一届三中全会以后，他坚持解放思想、实事求是，开创了建设有中国特色的社会主义道路。他从实际出发创造性地提出"一个中国，两种制度"的构想，成功地收回香港和澳门，为完成祖国的统一大业立下了功勋。在他的主持下，中国同美国建立了外交关系，同日本缔结了中日和平友好条约，恢复了中苏两党两国的关系，发展了同周边国家和第三世界国家的友好关系，打开了中国外交新局面，为国家建设争取了有利的国际环境。1992年，邓小平南方谈话，总结改革开放以来的基本经验，从理论上回答了一系列重大问题，使中国的改革开放和现代化建设进入了一个新阶段。

二、历史学家陈寿

陈寿（公元233～297年），字承祚，三国、西晋时期人，著有《三国志》，是我国古代广安的著名史学家。

人们习惯上认为陈寿是四川南充人，但实际上陈寿是今四川广安市广安区城北人。

关于陈寿故里的记载，最早见于常璩的《华阳国志》："陈寿，字承祚，巴西安汉人也"。而当时的巴西安汉县辖地甚广，不但包括今天的南充市，而且也包括今天广安市的渠江以西地区。

记载陈寿是四川广安人的文献颇多。清雍正时编修的《广安游氏族谱》序言记载："广安人物之盛，为川北首屈一指，如，陈寿之文章，张庭坚之正言，安忠定之戡乱"等，这说明陈寿是四川广安人。据嘉庆庚辰（公元1820年）重修的《广安州志·卷三·宦绩》记载，陈寿，广安人，"字承祚，少好学，师事谯周。事蜀汉，为观阁令史。汉亡，司空张华荐寿撰汉相诸葛亮集。奏之，除著作郎。领本部中正，撰《三国志》六十五篇。时称其善叙事，有良史才。崇祀乡贤。"《广安州志·艺文志》还收录了陈寿的《诸葛亮故事表》。光绪十二年（公元1886年）版《广安州志·人物志·选举》记载，晋陈寿，四川广安人，"大同后察举孝廉，官治书侍御史。"这是表明陈寿是广安人的官方文献。1987年，因山洪暴发，广安城区文庙沟出土了一块石碑，即"陈寿故里碑"。碑长220厘米，宽80厘米，厚10厘米，现藏于广安区文物管理所内。碑文真书阴刻，上书："晋散骑常侍陈寿、宋宣和状元何涣故里——广安州事姜凤仪"。这是迄今为止发现的与陈寿故里有关的重要物证，证明陈寿是广安区文庙沟人。文证、物证俱在，陈寿为广安人无疑。

陈寿年少时十分好学，师承著名学者谯周。谯周（公元201～270年），字允南，巴西西充国人，蜀汉地区著名的儒学大师和史学家，著有学术著作多种，计百余篇。在老师的督导下，陈寿熟读《尚书》《春秋》，精研《史记》《汉书》，熟悉了写史的原则、方法与技巧，为他后来撰写《三国志》打下了坚实的基础。

陈寿以其才学成名，而且名传千古。他著有《益都耆旧传》《古国志》《官司论》以及《三国志》等。其中，前三部著作已经失传，唯《三国志》流传至今，闻名中外，流播远方。如今，以《三国志》为源头的小说、电影、电视、故事、连环画乃至电脑游戏等层出不穷；其人物故事，无论是在城市还是在穷乡僻壤，都家喻户晓，其被民众知晓的程度，无出其右者。《三国志》的史学成就更是世所公认，与《史记》《汉书》《后汉书》并称为"前四史"，被视为纪传体史学名著；西晋名臣张华评价说："以班固、史迁不足方也"；《华阳国志》作者常璩评价他"并迁双固"。

《三国志》是记载魏、蜀、吴三国鼎立的纪传体国别史。其中，《魏书》三十卷，《蜀书》十五卷，《吴书》二十卷，共六十五卷，记载了从魏文帝黄初元年（220年），到晋武帝太康元年（280年）共六十年的历史。《魏书》《蜀书》《吴书》原是各自为书，北宋时才被合而为一，改称《三国志》。

三、南宋名臣安丙

安丙，字子文，今广安华蓥市永兴镇人，是南宋时期广安历史上战功显赫的功臣。

南宋淳熙年间（1174～1189年），安丙中进士，历任大足县主簿、利西安抚司干办公事、曲水县丞、新繁县知县、小溪县知县、隆庆府通判、大安县知县。因政绩突出，朝廷奖励提升俸禄一等。

平定吴曦叛乱，是安丙的重大功劳。开禧二年（1206年），宋金开战。程松为四川宣抚使，吴曦为副宣抚使，安丙为随军转运使。吴曦暗通金国，准备叛国。1207年1月，吴曦接受金人诏书，称蜀王。2月，吴曦称帝，并向金称臣，以安丙为中大夫、丞相长史，代理行都省事务。安丙欲公开反抗吴曦，但恐徒死无益，于是表面上与他周旋，暗地里与杨巨源、李好义等人密谋，成功诛杀吴曦，平定叛乱。吴曦称帝共计四十一天。4月，朝廷加封安丙为端明殿学士、中大夫、兴州知州、安抚使兼四川宣抚副使。金人痛恨安丙，悬赏缉拿安丙，称取得安丙首级者，奖励银二万两、绢二万匹，并授官四川宣抚使。

宋金议和开始后，安丙积极巩固边防，发展生产，安定人民生活，受到朝廷嘉奖。朝廷赐予安丙金质器物一百二十两、帛二十四，升安丙为资政殿学士。议和成功后，安丙还兵大散关、隔牙关。不久，安丙升大学士、四川制置大使，兼兴元府知府。公元1214年3月，安丙升为同知枢密院事，兼太子宾客、观文殿学士、潭州知州、湖南安抚使。不久，安丙升崇信军节度使，并成立府署、选置僚属，其仪式与三公、万寿观使相同；朝廷赐安丙旌节、金印、衣带、鞍马，安丙再三推辞。后安丙辞官，回到四川家乡。

平定红巾军叛乱，是安丙的又一功绩。公元1219年，金人再度侵略四川。敌军所致，宋军节节败退，分散逃入大巴山。4月，红巾军张福、莫简发动叛乱，攻入利州，所到之处，无不残杀抢掠。宋军再次败退，朝廷震动。6月，朝廷起用安丙为四川宣抚使。后来朝廷猜疑，贬安丙为保宁军节度使，兼兴元府知府、利东安抚使。8月，安丙率军从果州（今南充）出发，讨伐叛军，抵达遂宁，叛军据险顽抗。安丙下令诸军合围，断绝叛军取水之路。叛军溃败，宋军俘获张福等一千多人，全部斩首。红巾军叛乱被平定后，朝廷赐予安丙保宁军节度使印。安丙去世后，朝廷讣告天下，并停止上朝两天，追赠安丙为少师，赐银千两、丝绢治丧，钦赐兴建沔州祠以纪念安丙，赐祠额为"英惠庙"；宋理宗手书，赐谥号为忠定。安丙著有《晶然集》。

1996年，安丙墓在四川广安华蓥市双河镇被发现，轰动了考古界、史学界，成为当年中国十大考古发现之一。安丙墓长6.5米，宽3.5米，高4.5米，用巨石建筑而成。墓内雕刻精美绝伦，有报刊评论其艺术胜过闻名中外的大足石刻，是广安建筑雕刻艺术珍品。

四、乾隆名臣邓时敏

邓时敏（1710～1775），字逊斋，号梦岩，今四川广安人协兴镇牌坊村人，清乾隆时期名臣，曾任大理寺正卿，邓小平的先祖，对少年邓小平的成长有过重要影响。

雍正十年（公元1732年），四川乡试第35名举人；乾隆元年（公元1736年），邓时敏中进士，进入翰林院任编修，故而人们将邓时敏在广安起居的地方称为"翰林院子"；乾隆七年（公元1742年），邓时敏升为侍讲；乾隆八年（公元1743），任江南宣谕化道使；乾隆十年（公元1745年），升为大理寺正卿，入汉军正黄旗。此时邓时敏才三十多岁，为政坛新秀，时人评论说邓时敏十年之内可官至宰相。后来父亲去世后，邓时敏毅然辞官回家服丧，并在家赡养母亲，同时，为培养家乡子弟，造福一方，邓时敏辟馆讲学，在"翰林院子"办起了姚坪里（今牌坊村）第一所私塾（今为广安市广安区翰林小学，邓小平5岁时在这里接受启蒙教育）。邓时敏母亲去世三年后，乾隆二十九年（公元1764年），邓时敏奉诏再次入朝，官复原职。

邓时敏为人纯朴平和，为官清正廉洁。作为主管全国司法的关键人物，邓时敏秉公办案；每年秋季会审时，他都要费尽心思为冤案平反，其德行被誉为时人楷模。邓时敏去世后，朝廷为表彰邓时敏为官的功德而赐造神道碑和德政坊于广安，邓小平故里"牌坊村"就因德政牌坊而得名。

五、水师提督李准

李准（1871～1936），原名继武，派名新业，亦名木，字直绳，四川省广安市邻水县太安乡太安里柑子铺活水沟里第（今邻水县柑子镇桅子塆村）。李准在广东历任候补道员、总兵、广东水师提督，后兼任巡防营统领，堪称中国百年来维护南海诸岛主权最有力的海军高级将领。

1901年，任广东巡防营统领兼巡各江水师，统领军队和巡海兵舰。因剿灭西江、高丽及沿海巨股海盗、活捉匪首李北海、林瓜四有功，清政府特赏"头品顶戴"、颁赐"果勇巴图鲁"名号。李准于清光绪三十一年（1905年5月）任广东水师提督，6月兼任闽粤、南奥镇总兵。李准任职期间，英国侵略者多次窜入南海非法测量，掠夺海洋资源。清廷提出抗议，英政府仗着"坚船利炮"而置若罔闻。

清光绪三十三年（1907）李准亲率船舰巡视西沙诸岛，先到西沙群岛林岛（今永兴岛），鸣炮，升大清黄龙旗，并刻石立碑，书"广东水师提督李准巡阅至此"。同年，李准航舰经东沙群岛时，发现日人私自侵入东沙岛，开采鸟粪，捕捞海产，并修筑码头、轨道、厂房等，经由向日本领事抗议，日人乃退出东沙岛。光绪三十四年（1908），根据外国人的请求，中国海关安排在西沙群岛建立灯塔，以利航行。

宣统元年（1909），李准率官兵170余人，乘"伏波"、"琛航"二舰前往西沙查勘，探明岛屿15座，并逐一命名，勒石于珊瑚石上，升旗鸣炮，宣告西沙群岛为中国领土。李准回广州后，著《广东水师国防要塞图说》，并奏请朝廷开发西沙，清政府于次年（1910年）决定"招徕华商承办岛务官，为保护维持，以重领土而保利权"。宣统三年（1911），广东省政府宣布把西沙、南沙群岛划归海南岛崖县管辖。

六、现代艺术家吴雪

吴雪（1914～2006），原名吴开元，四川省广安市岳池县普安镇人，中国近代著名艺术家、编剧，曾任文化部副部长。其代表作品《抓壮丁》生动再现了20世纪30年代四川农村的现实生活，揭露了官、绅、兵、匪的丑恶行径，反映了国民党统治区征兵政策带给人民深重的灾难。

1934年7月，吴雪参与创办四川重庆西南话剧社，任剧务主任。1936年，参与创办了"剧人协社"，并参加了"援绥抗日演出"。1937年底在武汉成立四川旅外剧人抗敌演剧队，回四川开展工作。1938年3月，加入中国共产党，并任四川第一个戏剧支部组织委员。1940年到延安，1941年5月成立延安青年艺术剧院，导演和主演《塞上风云》《雷雨》《伪君子》《上海屋檐下》等。历任延安西北青年救国会总剧团团长、延安青年艺术剧院副院长等职。1943年5月，他执笔、导演和主演了极富艺术特色的讽刺喜剧《抓壮丁》。1946年任东北文工团二团副团长，导演了《反翻把斗争》。1949年4月任中国青年艺术剧院副院长，1952年任院长，历任中国青年艺术剧院副院长、院长、文化部党委委员，文化部电影局副局长，中央戏剧学院党委副书记，第一、二、三届全国剧协副主席，团中央委员。1976年至1984年，历任文化部电影局副局长、艺术局负责人，文化部副部长、党组成员，艺术委员会副主任等职。他是党的八大代表，第五、六、七届全国政协委员。2006年9月18日在北京逝世，享年92岁。

七、著名翻译家罗君玉

罗君玉（1907～1987），女，原名罗正淑，1907年生于岳池县乔家乡，著名女翻译家。

罗君玉青年时代因抗婚只身逃往重庆读书，后至上海完成高等教育学业。1927年去法国留学，1933年获文学博士学位，成为中国历史上第一批女博士中的一员。学成回国后，罗君玉曾先后在山东大学、成都华西大学和四川省立艺专任教。新中国成立后，任华东师大中文系教授，中国作协会员、上海翻译家协会理事等职。

罗君玉教授是享有盛誉的法国文学翻译家，其译著极丰，著名译著包括法国小说家司汤达的名著《红与黑》、雨果的小说《海上劳工》、大仲马的小说《红屋骑士》、莫泊桑的小说《我的心》以及法国浪漫主义女作家乔治·桑的许多短篇小说。

罗君玉的翻译文笔流畅，语言优美，展示了高深的文学素养，不少译本多次被选入大学教材，尤其是她翻译的《红与黑》，自二十世纪五十年代出版以来，经久不衰，在中国读者中产生了巨大的反响。罗君玉因为介绍和普及法国文学，在传播中法友谊中做出了有益贡献，个人事迹被收入《文学家词典》。

八、书画鉴赏大师杨仁恺

杨仁恺（1915～2008），号遗民，笔名易木，斋名沐雨楼，四川岳池人。享誉海内外的博物馆学家，书画鉴赏大师、书画大家、美术史家。曾任中国古代书画七人鉴定小组成员、中国博物馆协会名誉理事；鲁迅美术学院名誉教授、人民大学国学院教授、中央美术学院研究生导师等职。因其杰出贡献，被授予了"人民鉴赏家"荣誉称号，被誉为"国眼"。杨仁恺先生是新中国文博事业的拓荒者，对中国历史文化遗产的考鉴、拯救及中国文化世界的传播做出的卓越贡献，海内外影响深远。

杨仁恺先生毕生致力于多灾多难的中华历史中流失国宝的追寻、拯救、鉴定、研究与保护，终其一生贡献于中华历史文化遗产的保护、传播与交流。以坚韧不拔的毅力，理清了中华历史浩劫中流失的故宫国宝的历史与现状，并做出散失追寻记录及考鉴的详细研究，足迹踏遍国内与世界各地，追回鉴定的国宝级文化遗产数百件，考证拯救的文物不计其数，整个追寻过程与考鉴记录于巨著《国宝沉浮录：故宫流失佚目考》中。

杨仁恺对故宫流失国宝书画做了大量深入细致的研究工作，使一大批国宝重放异彩。其中有中华历史第一神品之称的历史旷世巨制《清明上河图》，从碎纸片中缀识拼出的米芾真迹《苕溪诗卷》等37件国宝，都是脍炙人口广为流传的传奇佳话；著名的《簪花仕女图》《聊斋志异》原稿等书画珍品，都是经杨仁恺之手而恢复本来面目，重新确立了国宝地位。

杨仁恺先生还是鉴定学的创立者，使其成为独立的科学体系。其鉴定思想收录于其著作《书画鉴定学稿》《沐雨楼书画论稿》（上下卷）、《沐雨楼文集》（上下卷）中。杨仁恺先生在实际工作中所创立的书画作品复制方法为书画的复制发展奠定了坚实的基础。

九、著名版画家刘旷

刘旷（1920～2011），原名刘德麒，笔名牛耕，四川岳池县高升乡人，擅长版画。1938年赴延安抗大学习，1939年到晋察冀边区工作，1941年进华北联合大学文艺学院美术系学习，在老木刻家指导下学版画，1945年从该校毕业，任教于延安中学、延安大学文艺系。1949年后，历任《西北画报》主编，中国美术家协会陕西分会书记处书记、顾问，西安美协副秘书长，中国美协会员、中国画家协会常务理事、陕西省美协常务理事等职。现为中国版画家协会、陕西美协顾问。

1946年起，从事木刻创作。1954年创作木刻《嘉陵江畔》参加第七届世界青年联欢节美展；创作的木刻画《乌鞘岭上》被收入《新中国木刻选》。1957年创作版画《找水源》参加在莫斯科举办的社会主义国家美术作品展，后收入《十年中国版画集》。1959年创作版画《长城内外》被选作《红旗》杂志封面画，并参加第四届国际画展。1960年赴苏联访问，并创作《访苏画集》。1973年后在陕西文艺创研室从事专业创作。1979年调陕西美协，出版《刘旷画集》。1991年获中国美术家协会、中国版画家协会联合颁发的新兴版画杰出贡献奖。1994年4月，刘旷画展在四川美术馆开幕，四川省委宣传部、省文联及四川美协、四川画院等单位领导和专家前往祝贺，新闻媒体对刘旷的生平和著作作了报道，对他版画艺术成就作了充分肯定。

（本章由甘华银撰稿）

第三章

小平思想　引领职教

第一节　深化职教研究　促进改革发展

一、邓小平职业教育思想研究

广安职业技术学院作为改革开放总设计师、"中国当代职业教育先行者、实践者和伟大导师"① ——邓小平同志家乡唯一高校，思职教思想理论之源，致职教改革发展之远，高举邓小平职业教育思想伟大旗帜，深入开展邓小平职业教育思想研究，挖掘邓小平职业教育思想精髓，并用以指导学院的改革发展，促进了学院跨越式发展。

在学院党委领导下，成立了"广安邓小平职业教育思想研究所"，通过组建研究团队、课题立项、学术交流等形式，广泛开展邓小平职业教育思想研究与实践。近五年立项省市级相关研究课题 10 余项，公开发表邓小平职教思想研究学术论文 20 余篇；编写了邓小平职业教育思想研究"三部曲"——《邓小平职业教育思想研究论文选》《邓小平职业教育思想研究与实践》和《邓小平职业教育思想概论》的编撰与出版；创刊《邓小平职教思想研究与实践》，为职业教育工作者搭建了进行邓小平职业教育思想研究与交流的平台；

---

① 黄立志：《邓小平是我国职业教育的伟大导师》，载《邢台职业技术学院学报》2014 年第 5 期，第 34 页。

主办了广安市职教系统纪念邓小平诞生110周年邓小平职教思想研究论文征集评比活动；主办了湘鄂渝川黔边区高职高专校际协作会议，重点开展了邓小平职业教育思想研讨，结集出版了《邓小平职业教育思想研究与现代职业教育改革（文集）》。

广安职业技术学院邓小平职业教育思想系列研究成果，先后通过市级、省级科研成果鉴定，具有创新性和国内领先性，先后荣获省市社科成果大奖。丰富的邓小平职业教育思想研究成果为学院的改革发展提供了理论支撑。

二、邓小平职教思想引领学院跨越发展

（一）以邓小平改革开放的思想促进学院办学规模跨越式发展

学院始终秉承邓小平"发展才是硬道理"的发展思想，坚持改革促发展。自2004广安职业技术学院正式成立，逐步凝练了"艰苦创业、感恩奋进"的学院精神，2009年，学校顺利通过了教育部人才培养工作水平评估；2011年，四川省教育厅、广安市人民政府签订协议共建学校；同年，国家教育部、四川省人民政府签订协议共建"广安市教育改革发展试验区"，支持学校改革发展是部省共建的重要内容，学校成为四川省目前部、省、市共建唯一高职院校；2013年4月，学校与广安广播电视大学整体联合，2014年6月，广安市人民政府决定将广安区中等卫生职业技术学校整体并入学校，2014年9月，以学校为基础创建的广安技师学院正式获批挂牌，由此，学校形成了以全日制高职教育为主体，成人继续教育和技师教育为两翼的"一体两翼"办学格局；2016年1月，学校顺利通过四川省省级示范性高职院校建设终期验收，进入全省示范性高职院校行列。学院办学规模逐年扩大，由单一的岳池校区发展为滨江、万盛、岳池、前锋四个校区，在校生人数由建院时的数百人逐年发展到目前的12000余人，实现了学院的跨越式发展。

（二）以"教育与生产劳动相结合"教育思想深化学院内涵建设

学校贯彻邓小平"教育与生产劳动相结合"的职业教育思想，坚持产教融合，搭建了理实融合的学生学习平台。主动适应区域经济发展需要，立足服务广安地方经济建设和人才需求，以"广安职业教育集团"为平台，实施"政、行、企、校"四方联动，以产业、行业、企业结合为依托，以岗位、能力、课

程对接为抓手,以基地、师资、机制建设为保障,不断巩固与推进人才培养模式改革与创新;建有广安生物技术服务中心和广安茂林文化艺术中心,打造了广安生物医学研发高地和文化创意中心。围绕"深化内涵、打造品牌、强化特色"的专业建设理念,始终把专业建设放在首位,引领带动其他项目建设。先后立项建设国家高技能人才培训基地、四川省高技能人才培训基地,建有十余个中央财政支持实验实训基地建设项目和提升专业服务产业发展能力项目,教育部现代学徒制试点项目3个,生产性实训基地2个,省级示范专业建设项目3个,省级重点专业2个,在推进产教融合职教理念中,注重基于专业特点的工学结合育人项目开发,通过真实的生产性工作项目,不断提高学生专业与职业技能。各专业每年参加全省、全国技能大赛均能取得优秀成绩,毕业学生在工作中受到用人单位好评。

(三)以"三个面向"教育思想为指导探索合作办学新模式

学院秉承邓小平"教育要面向现代化、面向世界、面向未来"教育思想,坚持开放办学,努力开展与国内外优秀高校开展合作与交流。先后与瑞典耶夫勒大学、韩国东国大学、俄罗斯贝加尔国立经济法律大学、俄罗斯南乌拉尔国立大学、中国人民解放军后勤工程学院、湖南科技大学、西南科技大学、四川师范大学、西华师范大学等国内外大学建立合作关系,在校学生可套读其相关本科专业,符合条件的可直接专升本。学校先后与四川华可教育、重庆德克特信息技术有限公司等知名企业联合办学,不断探索办学模式改革新路,激发地方高职院校办学活力。

(四)以邓小平人才观为指导全面提升高职学生综合素养

贯彻邓小平培育"四有新人""又红又专""德才兼备"的育人思想,学院将培育和践行社会主义核心价值观深入贯彻到专业建设与文化建设之中,确立了专业建设与文化建设"双核共振"——为学生可持续职业发展奠基的育人理念,努力实现专业育人和文化育人同步共振,全面提升高职学生综合素养,人才培养质量不断提升。在专业建设中,探索形成了学院"三双四会一主线"人才培养模式,各专业结合自身特点形成了相应的专业人才培养模式,如建筑工程技术专业形成了"一核二线三阶四双五技"的人才培养模式,学前专业构建了"院园共育、四心七技、进阶入岗"的人才培养模式等;在文化育人实践中，学院创新了"一核三维五元"校园文化育人模式，构建了文化育人标准体系，开发了文化育人项目，打造了文化育人品牌，不断提高育人质量。

（本节由甘华银撰稿）

第二节　邓小平职业教育思想基本内涵

一、邓小平职业教育思想的界定

邓小平职业教育思想，是指邓小平对我国职业教育的战略地位、教育方针、教育质量、职业教育办学模式、人才培养模式以及职业教育改革发展等方面的论断和观点。邓小平职业教育思想是邓小平教育理论的重要组成部分，也是邓小平理论的有机组成部分。[①] 纵观邓小平对职业教育的论述，不仅包括职业学校教育，也包含了其他各种形态的职业教育和职业培训。总而言之，邓小平所论及的职业教育及其所秉持的职业教育观是一种广义的职业教育观或大职业教育观。

二、邓小平职业教育思想的形成

马克思主义者认为，人的正确思想来源于实践。那么，邓小平职业教育思想也来源于革命工作实践，并不是凭空产生的。邓小平教育思想的基本特征是从中国革命和建设的战略全局来观察处理教育问题[②]。研究邓小平职业教育思想，不妨把它放到 20 世纪中国职业教育发展的大背景中加以考察。

邓小平职业教育思想的形成跟 20 世纪中国职业教育的发展史分不开，其职业教育思想的萌芽与 20 世纪初叶轰轰烈烈的职业教育思潮，尤其是留法勤工俭

---

① 周华银：《论邓小平职业教育思想的基本内容》，载《中国电力教育》，2009 年第 14 期。

② 滕纯：《试论邓小平教育思想形成发展的过程》，载《教育研究》，1995 年第 1 期。

学运动和他新民主主义革命的教育实践有着必然的渊源关系。具有接受职业教育背景、改变邓小平一生命运的留法勤工俭学经历，对其日后的教育思想，尤其是职业教育思想的形成影响深远。在新民主主义革命时期，邓小平所主抓的军政工作为其职业教育思想的形成奠定了基础。

新中国建立后，中央领导集体都十分重视职业教育的发展，并形成了各个时期独特的职业教育思想，推动了中国职业教育事业向着更高的水平发展。邓小平一生跟职业教育联系紧密，特别是第三次复出后曾主抓教育和科技工作，其作为共和国第一代领导集体的重要成员、第二代领导集体的核心，为中国职业教育事业的发展做出了不可磨灭的贡献。

纵观邓小平一生，其职业教育思想的形成过程大致可以分为三个阶段①：（一）孕育、萌芽期：出国留学（1920～1952）；（二）发展、丰富期：进京履新（1952～1976）；（三）成熟期：（1977～1994）。

三、邓小平职业教育思想主要内容

（一）职业教育的战略地位

职业教育直接为提高劳动者素质服务，在建设人才资源强国、增强综合国力和支撑国民经济可持续发展后劲的国家发展布局中，具有举足轻重的战略地位。邓小平关于职业教育战略地位的论述，主要集中在以下两点：

第一、要求全党重视职业教育。职业教育战略地位的落实，关键在领导。邓小平提出：全党重视教育，要以极大的努力抓教育，这一重大决策是国家未来发展战略的现实需要；全党全国工作重点的转移包括教育，要求各级领导要像抓好经济工作那样抓好教育工作。

第二、通过教育体制改革，调整职业教育比例。邓小平提出了落实职业教育战略地位的具体措施：通过教育改革，调整教育结构，扩大中等职业教育所占比例，提高职业教育办学层次，高等教育也要"两条腿走路"，认为职业教育

---

① 周华银：《邓小平职业教育思想概论》，西南交通大学出版社 2016 年版，第 5－12 页。

与非职业教育同等重要，不可偏废，不断实现职业教育的普及与提高。①

（二）职业教育的基本方针

邓小平一直强调职业教育必须坚持与生产劳动相结合的方针。指出："为了培养社会主义建设需要的合格的人才，我们必须认真研究在新的条件下，如何更好地贯彻教育与生产劳动相结合的方针。""现代经济和技术的迅速发展，要求教育质量和教育效率的迅速提高，要求我们在教育与生产劳动结合的内容上、方法上不断有新的发展。"

（三）职业教育办学目标

邓小平认为职业教育必须为社会主义建设培养各级各类人才和高素质劳动者，以满足经济建设和社会发展的需要为目标。邓小平提出了著名的"普及提高"论，认为"只普及不提高，科学文化不能很快进步；只提高不普及，也不能适应国家各方面的需要。社会主义建设需要有文化的劳动者，所有劳动者也都需要文化。""把教育搞上去，提高我国的科学技术水平，培养出数以亿计的各级各类人才。"② 这为我国后来确立的"培养数以亿计的高素质劳动者和技能型专门人才"职业教育办学目标确立了方向。

（四）职业教育发展原则

邓小平提出了职业教育发展必须遵循的三个原则：一是职业教育必须与国民经济发展相适应；二是职业教育必须和其他各类教育协调发展；三是职业教育要坚持普及和提高相结合的原则，即坚持"两条腿走路"。

（五）职业教育质量观

教学质量是职业教育的生命。邓小平认为，任何时候都要重视职业教育教学质量。认为，教育质量的关键很大程度上取决于教师的质量。因此，他非常重视在职教师的师资培训工作，提出要"尊重教师的劳动，提高教师的质量"，把"又红又专"的"四有新人"作为人才培养质量的基本标准。

---

① 邓小平：《办教育一要普及二要提高》，《邓小平文选》（第 1 卷），人民出版社 1994 年版。

② 邓小平：《把教育工作认真抓起来》，《邓小平文选》（第 3 卷），人民出版社 1993 年版。

（六）职业教育人才培养模式

邓小平职业教育思想体系中的人才培养模式，可以概括为：工学结合，以培养技术能力为本，以就业为导向。

1. "半工半读"——工学结合模式

邓小平提出要举办包括业余大学、"半工半读"的大学在内的大专院校，这种"两条腿走路"的高等教育办学模式，其内涵已经涵盖了高等职业教育人才培养必须走"产学结合"（即"工学结合"）的办学之路，为后来确立"产教融合"职业教育新理念奠定了基础。

2. 职业教育必须以培养技术能力为本

邓小平认为，技术人才是制约工业发展的重要因素，通过职业技术教育培养技术人才是国家建设的一项重要基础工程，需要以技术能力培养为本位，改革教育制度、补充师资以培养更多技术人才。

3. 职业教育要以就业为导向

职业教育必须结合国家的劳动就业计划，切实考虑劳动就业市场发展的需要，以就业为导向。邓小平说："今后国家将努力开辟新的途径，增加新的行业，以便更有效地为四个现代化服务。我们制订教育规划应该与国家的劳动计划结合起来，切实考虑劳动就业发展的需要。"[1]

（七）高度重视职业教育经费投入

邓小平重视对职业教育的经费投入，主张多渠道筹集职业教育经费。他一贯主张教育经费"要保证原有的教学质量"。指出："各省再想想办法，争取拿这么多钱办更多的事，但要保证原有的教学质量。必要的教学器材不能减少。经费使用不宜过紧。我们节约经费有个原则，不能因为节约经费而影响教学质量[2]。"

（八）加大职业教育改革发展力度

与当时轰轰烈烈的基础教育改革浪潮比较，职业教育存在一些弊端：办学

---

[1] 邓小平：《在全国教育工作会议上的讲话》，《邓小平文选》（第2卷），人民出版社1983年版。

[2] 邓小平：《办教育一要普及二要提高》，《邓小平文选》（第1卷），人民出版社1994年版。

思想僵化，课程内容陈旧，教学方法死板，教学手段落后，实践环节不被重视，专业设置过于狭窄，师资匮乏，不同程度地脱离了经济和社会发展的需要，使得职业教育落后于当代科学文化的发展。因此，他提出要提高中等职业教育的结构比例，主导通过教育体制改革，要求通过进行综合改革使职业教育尽快跃上一个新的台阶。

（九）职业教育多元化办学论

邓小平主张多途径引导社会力量办职业教育，多渠道筹措职业教育发展经费，形成包括政府主导办职业学校在内的职业教育多元化办学体制。这种办学思想，在中共中央颁发的关于教育体制改革的决定中体现得更为具体："发展职业技术教育，要充分调动企事业单位和业务部门的积极性，并且鼓励集体、个人和其他社会力量办学。要提倡各单位和部门自办、联办或与教育部门合办各种职业技术学校。这些学校除了为本单位和部门培训人才外，还可以接受委托为其他单位培训人才并招收自费学生。"

综上所述，可以将邓小平职业教育思想的核心概括为：一是"科学技术是第一生产力"的核心认识论；二是以培养技术能力为本的核心目标论；三是以教产结合为主的核心方法论；四是走工学结合之路的核心模式论。

（本节由周华银撰稿）

第三节 邓小平职业教育思想当代意义

一、是邓小平理论的重要组成部分

邓小平职业教育思想是邓小平教育思想的重要组成部分，是邓小平理论的组成部分，从而也是中国特色社会主义理论体系的重要内容，是对马克思主义职业教育思想的继承和发展。邓小平同志作为中国当代职业教育先行者、实践者和伟大导师①,其教育思想,尤其是职业教育思想为中国现代职业教育的改革和发展提供了坚实的理论指导。中国改革开放始于邓小平同志重新恢复工作、主持教育、力主恢复高考这一重大历史事件,可以说,这次有关恢复高考的教育改革为其后的十一届三中全会确立改革开放的重大国策奠定了基础。邓小平职业教育思想散见于《邓小平文选》和改革开放后党和政府的重要文献中,但其内容上却是系统的、自成体系的②,成为邓小平理论不可或缺的重要组成部分,为促进我国现代职业教育发展奠定了坚实的理论基础。

二、奠定了中国当代职业教育发展的理论基础

(一)确立了职业教育的重要地位

职业教育是国家教育事业的重要组成部分,是促进经济、社会发展和劳动就业的重要途径。邓小平认为,"只靠坚持社会主义道路,没有真才实学,还是不能实现四个现代化。无论在什么岗位上,都要有一定的专业知识和专业能力。"③ 同时指出:"我们国家,国力的强弱,经济发展后劲的大小,越来越取决于劳动者的素质,取决于知识分子的数量和质量。一个十亿人口的大国,教育搞上去了,人才资源的巨大优势是任何国家比不了的。"④ 他要求各级领导认真抓好教育工作,其中就包含职业教育工作。在 1985 年的全国教育工作会议上,邓小平说:"一个地区,一个部门,如果只抓经济,不抓教育,那里的工作重点就是没有转移好,或者说转移得不完全。忽视教育的领导者,是缺乏远见的、不成熟的领导者,就领导不了现代化建设。各级领导要像抓经济工作那样抓教育工作。"⑤ 在这一指导思想下,1985 年 5 月 27 日发布了《中共中央关于教育体制改革的决定》,明确指出要"大力发展职业技术教育"。1991 年 10 月 17 日,国务院出台了《大力发展职业教育的决定》,由此正式确立了职业教育

---

① 黄立志:《邓小平是我国职业教育的伟大导师》,载《邢台职业技术学院学报》,2014年第 5 期。

② 参见马桂萍、王芳:《邓小平职业教育思想述析》,载《职教论坛》,2006 年第 5 期。

③ 《邓小平文选》第 2 卷,人民出版社 1994 年版,第 262 页。

④ 《邓小平文选》第 3 卷,人民出版社 1993 年版,第 121 页。

⑤ 《邓小平文选》第 3 卷,人民出版社 1993 年版,第 121 页。

的重要地位。

在经济结构转型的当代中国，职业教育在国民经济和社会发展中的地位和作用更加凸显，党的十六大、十七大和十八大均对发展现代职业教育提出了明确要求：党的十六大提出要"加强职业教育和培训，发展继续教育，构建终生教育体系"；党的十七大提出要"优化教育结构，促进义务教育均衡发展，加快普及高中阶段教育，大力发展职业教育，提高高等教育质量"；党的十八大提出"教育是民族振兴和社会进步的基石"，要"加快发展现代职业教育，推动高等教育内涵式发展"。国务院先后出台了《国务院关于大力推进职业教育改革与发展的决定》（国发〔2002〕16号）、《国务院关于大力发展职业教育的决定》（国发〔2005〕35号）、《国务院关于加快发展现代职业教育的决定》（国发〔2014〕19号），体现了第三代至第五代中央领导集体对职业教育的高度重视。

（二）指明了中国现代职业教育改革发展的基本方向

"教育要面向现代化、面向世界、面向未来"的"三个面向"教育思想是对邓小平教育理论的高度概括和最核心的战略指导思想，确立了我国职业教育改革与发展的全新价值取向，是邓小平职业教育思想中最具原创性的核心内容，为中国现代职业教育改革发展确立了基本方向。

职业教育要面向现代化。职业教育要面向现代化实质就是要面向市场，面向国民经济和社会发展的需求。邓小平指出，"整个教育事业必须同国民经济发展的要求相适应。不然，学生学的和将来要从事的职业不相适应，学非所用，用非所学，岂不是从根本上破坏了教育同生产劳动相结合的方针？"①。发展现代职业教育必须以"面向现代化"理念为指引，按照邓小平同志所倡导的"工学结合、产学合作"职业教育思想，"深化产教融合、校企合作"，把适应经济发展方式转变和产业结构调整要求作为职业院校专业（群）设置的逻辑起点，集合人才培养、师资队伍、课程改革、教育管理等要素，构建教育设施、实训设备、教育方式、教育需求的多元化增长态势，真正实现中国职业教育的现代化。

职业教育要面向世界。职业教育要面向世界包括两层含义。第一层含义是

① 《邓小平文选》第3卷，人民出版社1993年版，第35页。

职业教育的开放性，在1985年5月邓小平主持制订的《中共中央关于教育体制改革的决定》中就指出"发展职业技术教育，要充分调动企事业单位和业务部门的积极性，并且鼓励集体、个人和其他社会力量办学"。因此，发展现代职业教育必须以"面向世界"的思维为导向，打破传统学校职业教育自我封闭的体系，在开放构建模式下，实现政府、行业、企业、职业院校联动参与，国内职业教育与国际职业教育相互交流，推动职业教育与普通教育、继续教育相互沟通，形成全日制教育与非全日制教育并重、学历教育与非学历教育并行交叉的职业教育人才培养多元立交职教体系；深化正规教育、非正规教育、无固定形式教育的"跨界"合作，将职业教育和培训、学历和非学历教育、教育机构的学习和工作场所有机结合，通过一体化的举措，统一管理体系、学制体系、课程体系、师资体系等职业标准，重塑现代职业教育一种立体感和纵深感，形成一个资源共享、协同共赢的现代职业教育体系。职业教育要面向世界的第二层含义就是对外交流性。经济全球化，导致世界范围内的产业结构调整、经济增长方式转变，进而出现高技能职业人才的全球性流动和迁徙，形成劳动市场的国际化分工与合作，这就向各国职业教育界提出了共同的课题：发展双边、多边的职业教育合作，建立适应全球化的国际职业教育合作网络和运行机制①。对此，中国职业教育界不能置身事外，必须有所作为。

职业教育要面向未来。其核心是教育的创新性，它包括职业教育办学理念创新、职业教育机制体制创新、职业教育知识、技术结构创新和学生创新意识的培养等。邓小平指出，"现代经济和技术的迅速发展，要求我们在教育与生产劳动结合的内容上、方法上不断有新的发展"②。现代职业教育还必须以"面向未来"视野为引领，依托职业教育办学理念上的创新性、制度上的灵活性、教育对象上的包容性、教育机会的开放性，渗透技能与技术的伴生与互动，探索现代职业教育实现途径的多样性与可持续性，实施终身职教教育举措，创造性地构建具有中国特色的现代职业教育体系。

---

① 姜大源：《当代世界职业教育发展趋势研究》，电子工业出版社2013年版，第189页。
② 《邓小平文选》第二卷，人民出版社1983年版，第95页。

（三）指出了发展现代职业教育的科学路径

"教育必须与生产劳动相结合"是党中央几代领导集体一直坚持的基本教育方针，而邓小平"教育必须与生产劳动相结合"的思想则是对马列主义教育与生产劳动相结合基本原理和毛泽东教育与生产劳动结合思想的继承和发展，并且强调"在教育与生产劳动结合的内容上、方法上不断有新的发展。"而且"整个教育事业必须同国民经济发展的要求相适应"的著名论断。① 这一论断进一步从宏观上深刻揭示了教育与生产劳动相结合的实质，为中国现代职业教育的发展指出了科学路径，这一教育思想在其后的几代领导集体中均得到了体现。

中国现代职业教育的改革发展依然必须坚持"教育必须与生产劳动相结合"的教育思想。纵观党中央、国务院其后的几次重大决策，无不反映了这一指导思想。在《国务院关于大力推进职业教育改革与发展的决定》（国发〔2002〕16 号）中提出，要"推进管理体制和办学体制改革，促进职业教育与经济建设、社会发展紧密结合"，"职业教育与经济建设、社会发展紧密结合"，其实质是职业教育必须与生产劳动相结合的时代体现，是邓小平"整个教育事业必须同国民经济发展的要求相适应"原则的具体落实；在《国务院关于大力发展职业教育的决定》（国发〔2005〕35 号）中，职业教育与生产劳动相结合的思想则表现为，"与市场需求和劳动就业紧密结合，校企合作、工学结合，结构合理、形式多样，灵活开放、自主发展，有中国特色的现代职业教育体系"；《国务院关于加快发展现代职业教育的决定》（国发〔2014〕19 号）确定了"政府推动、市场引导；加强统筹、分类指导；服务需求、就业导向；产教融合、特色办学；系统培养、多样成才"五大基本原则，其中的"市场引导、服务需求、就业导向、产教融合"等无不反映着职业教育必须与生产劳动相结合的教育思想。

（四）确立了职业教育人才培养的基本标准

教育就是培养人才，职业教育要培养什么样的人才，这是职业教育的一个根本性问题。邓小平提出的"四有新人""又红又专"以及"德智体全面考核"的人才标准，为中国现代职业教育的人才确立了基准。2002 年《国务院关于大

---

① 《邓小平文选》第二卷，人民出版社 1983 年版，第 95 页。

力推进职业教育改革与发展的决定》（国发〔2002〕16 号）提出职业教育"要
为社会主义现代化建设培养大量高素质劳动者和实用人才"；2005 年《国务院
关于大力发展职业教育的决定》（国发〔2005〕35 号）提出职业教育要"以服
务社会主义现代化建设为宗旨，培养数以亿计的高素质劳动者和数以千万计的
高技能专门人才"；2014 年《国务院关于加快发展现代职业教育的决定》（国发
〔2014〕19 号）提出，"坚持以立德树人为根本"，"加快现代职业教育体系建
设，深化产教融合、校企合作，培养数以亿计的高素质劳动者和技术技能人
才"，实现文化素质＋职业技能并重的职业教育人才培养目标；2015 年《教育
部关于深化职业教育教学改革全面提高人才培养质量的若干意见》（教职成
〔2015〕6 号）指出，职业教育要"加强思想道德、人文素养教育和技术技能培
养，全面提高人才培养质量"。这些重要《决定》或《意见》均坚持了邓小平
人才标准的两点论，既强调技能，又重视素质，这都是对邓小平"四有新人"
和"又红又专"人才思想的继承和发展。

（五）指明了职业教育发展的直接动力

邓小平同志认为，改革是社会主义发展的直接动力，改革是当代中国不可
抗拒的时代潮流，改革是一场革命，改革是中国现代化的必由之路①，"发展才
是硬道理"。"要做到发展，必须坚持对外开放、对内改革"，"中国一定要坚持
改革开放，这是解决中国问题的希望"；"如果现在再不实行改革，我们的现代
化事业和社会主义事业就会被葬送"；"不开放不改革没有出路，国家现代化建
设没有希望"②。改革开放是当代中国社会发展的直接动力，是党在新的时代条
件下带领全国各族人民进行的新的伟大革命，是当代中国最鲜明的特色。

几十年改革开放的实践证明，改革开放是中国发展的根本出路，职业教育
的发展同样也离不开这一出路。因此，在《国务院关于大力推进职业教育改革
与发展的决定》（国发〔2002〕16 号）《国务院关于大力发展职业教育的决定》
（国发〔2005〕35 号）《国务院关于加快发展现代职业教育的决定》（国发

---

① 《邓小平论改革发展》，求是理论网，http：//www．qstheory．cn/zs/（访问时间：2013
  年 11 月 15 日）。
② 《邓小平文选》第三卷，人民出版社 2001 年版。

〔2014〕19 号）等几个文件中，均以职业教育改革为主题。《国发〔2002〕16号》提出要"明确'十五'期间职业教育改革与发展的目标，"初步建立起适应社会主义市场经济体制，与市场需求和劳动就业紧密结合，结构合理、灵活开放、特色鲜明、自主发展的现代职业教育体系"，"推进管理体制和办学体制改革，促进职业教育与经济建设、社会发展紧密结合"；"深化教育教学改革，适应社会和企业需求"，整个文件充满了改革的主题。

《国发〔2005〕35 号》明确了"职业教育改革发展的目标"。要求"进一步建立和完善适应社会主义市场经济体制，满足人民群众终身学习需要，与市场需求和劳动就业紧密结合，校企合作、工学结合，结构合理、形式多样，灵活开放、自主发展，有中国特色的现代职业教育体系"；"坚持以就业为导向，深化职业教育教学改革"；"积极推进体制改革与创新，增强职业教育发展活力"。

《国发〔2014〕19 号》在指导思想上提出，要"以邓小平理论、'三个代表'重要思想、科学发展观为指导，坚持以立德树人为根本，以服务发展为宗旨，以促进就业为导向，适应技术进步和生产方式变革以及社会公共服务的需要，深化体制机制改革，统筹发挥好政府和市场的作用，加快现代职业教育体系建设，深化产教融合、校企合作，培养数以亿计的高素质劳动者和技术技能人才。"确立了"政府推动、市场引导"，"服务需求、就业导向"，"产教融合、特色办学"和"系统培养、多样成才"的职业教育改革原则，加快构建现代职业教育体系，激发职业教育办学活力，推进人才培养模式创新等。

职业教育的改革主要包括职业教育理念更新、办学机制体制改革、教育教学改革、人才培养模式改革等，改革的根本目标是激发办学活力。近 15 年来职业教育的快速发展实践表明，只有不断改革创新，才能促进中国现代职业教育的快速发展。

（本节由甘华银撰稿）

第二篇

02

| 追 寻 篇 |

第四章

精神引领　历久弥新

第一节　凝练顶层设计

大学的灵魂是大学文化，顶层设计是运用系统思维从全局对办学理想和主张的概括与凝练，是有关校训、校园精神、办学理念、办学定位、教风、学风等思想文化的总称。顶层设计承载着大学的理想，并以精神的力量鼓舞和引领着师生的文化心理走向社会主义核心价值观。校训有对既往的传承，现实的求索，更有对未来的憧憬，它是精准把握社会文化方向的学院个性表达，是学院独特文化基因的挖掘与总结；校园精神是大学文化的核心，是一代代建设者奋发有为的精神写真，是激励师生砥砺前行的精神力量和宝贵财富；办学理念是学院办学思想与价值信仰立足于人才培养规格的目标定位；办学定位是置身于区域经济发展，主动服务地方的价值追求；校风学风则是对师生思想文化修养、知识技能的精神塑造和理想要求。

广安职业技术学院顶层设计

校　　训：思源　追寻　致远

学院精神：艰苦创业　感恩奋进

办学理念：德技兼修

办学定位：立足小平故里，服务区域发展，培养高素质技术技能人才，建设西部一流的高等职业院校。

校　　风：德能双馨

学　　风：明德致用

校训释义：思源、追寻、致远就是感恩、践行、梦想。"思源"是广职人饮水思源、怀德感恩的精神写照，它体现了广职人思立校发展之源、思专业探究之源、思幸福美好之源的情怀；"追寻"是学院高举邓小平改革开放大旗上下求索的生动实践，是创业发展的奋斗历程，是感恩奋进的进行时；"致远"即志存高远和可持续发展，指远大而高尚的追求、平静而专注的态度、执着而坚定的目标，担当泽世，奋发图强，也指学院的办学精神历久弥新，学院的教育事业生生不息。

第二节　构建文化意象

要结合新的时代条件传承和弘扬中华优秀传统文化，传承和弘扬中华美学精神。

——习近平

传承中华美学精神　构建学院文化意象

五千年文明孕育、滋养的中华优秀文化，是中华民族的精神命脉，它独特的理念、智慧、气质、神韵，不仅增添了中华民族的自信和自豪，也形成了中华民族独特的审美追求和审美表达，其深厚的美学思想具有鲜明的民族思维特性。中国美学，首重意境，意象作为传统美学的一个重要概念，是营造意境的关键要素。"意"指主观的情感，融进了中华传统文化讲仁爱、重诚信、尚和合、求大同的美学根基。"象"指客观的事物，是大自然能借以托物寄情的物象。构建意象必须坚持主体与客体的有机融合，通过独特的审美视觉，将情感品质，意韵情调投射到一个个具体的物象上，赋予其特殊含义，从而在民族和地域共同的文化背景中实现意与象融合，情与景交融，心与物共鸣，形与神兼备，在审美移情中实现情感寄托、审美愉悦。

一、景语与情语

王国维先生说："一切景语皆情语"。中华美学重写意的特质，一贯强调"美在意象"（朱光潜语）。春桃夏荷秋菊冬梅象征四季平安，梅兰竹菊以傲、幽、坚、淡的品格并称四君子，无不表现了中国人所推崇的气节风骨。又如"以孤篇压倒全唐"的《春江花月夜》，其入诗之春、江、花、月、夜无不让人产生美好的遐想，春江望月既有浓郁的诗情画意，又蕴含情景交融的深邃意境。这种中华美学精神真谛所强调的情、韵、趣、境，从内涵上为我们提供了涵养校园精气神的美学资源。

在中华传统美学思想中，对凡作为意象的物象都寄予了积极向上、高洁清新的美好情感。所展示的诗情画意，所弘扬的主旋律，所传递的正能量，都是校园文化意象品质的保证。意象的构建必须做到形与神的契合，具有具象的选择性、意与象的一致性、独具特色的地域性和具有画面感的诗意性。而寻觅、深耕具有美感特质且为民族情感认可的物象是关键，意与象的一致，强调作为载体的具象物，须准确传达学院核心价值，象征学院精神，在情景交融中托物言志，引起师生情感共鸣是核心。再具体一点，造化钟神秀，大自然鬼斧神工给人类馈赠了一个斑斓的世界，山川草木，气象万千，秀美自然在特定空间所孕育的有生命、有灵性的物象皆是校园文化意象构建的源头活水。

二、构建文化意象

广安职院作为小平故里唯一高校，立足广安这块红色热土，建设诗意校园。遵循意象内涵与广安精神、高职精神的内在一致性，围绕立德修身的道德追求，有教无类的平等情怀，唯实笃行的求真精神，游艺习技的价值取向，坚持以深厚的传统文化为背景，寻觅有职教气质、广安特色、川东韵味、思源情怀、自然美感的物象，构建具有广职特性的文化标识。为此，学院借鉴传统文化中的思维经验，选取具有传统意蕴的审美元素，赋予水、竹、石以人格化，将天地情怀融入其中，草木关情，浑然天成。水润、竹秀、石灵无不具有美好寓意，它提升了校园的浪漫与诗意，其高洁的形象不仅融进了道德判断和审美追求，更有文化正能量的传递。广大学子通过水、竹、石的思辨，从具象到抽象，从物象审美深入到内涵之美，逐步领悟校园文化品质、精神风骨、价值追求，实现美学意蕴的新高度。

同时，需要强调的是，因地制宜，就地取材构建的意象，既要有地域的亲切感，更要有美好意蕴引发的教育缘，不仅要彰显川东黎民勤劳、善良、包容、坚韧的品格，还要实现水、竹、石从生态景到精神状的升华，可谓形于水竹石、神于精气神。

水之澈：水兼具意象美与情志美，以水为文化图腾，依上善若水，以水喻德，涵养"思源致远，感恩奋进"的思源文化。

人类的文明与水息息相关，哲学之父泰勒斯说"水是万物的本源"，追溯四大文明古国的发展可以看出：巴比伦与底格里斯和幼发拉底河，印度与恒河和印度河，埃及与尼罗河，中国与黄河、长江的发展密不可分。由此可知，水既是人类生存的基础，更是人类文明的前提。它具有避高趋下的谦逊，刚柔相济的能力，海纳百川的包容，滴水穿石的坚毅，奔流大海的追求，无大不聚，无小不澈，柔中有刚。因此，在校园文化建设实践中，通过对水的认识和思辨，取上善若水，厚德载物，水利万物而不争的优良品格；围绕广安开展的"致富思源，共建广安"缅怀小平的品牌活动；结合学院地处伟人故里，承小平恩泽沐浴的政治优势；紧扣学院毗邻渠江，以水为伴的现实环境，将"思源"作为学院文化的精神追求，取水之执着、坚韧、博大、包容、灵性、清澈、进取、顺势的品性，涵养校园文化。

【名句赏析】

上善若水，厚德载物。

海纳百川，有容乃大。

滴水之恩，涌泉相报。

流水不腐，户枢不蠹。

问渠那得清如许？为有源头活水来。

滚滚长江东逝水，浪花淘尽英雄。

疏影横斜水清浅，暗香浮动月黄昏。

天下莫柔弱于水，而致坚强者莫之能胜。

竹之韵：竹有梅兰竹菊四君子和岁寒三友的美称，古人云：君子比德与竹。竹之格在于它笔直的线条和中空的结构，以及被赋予的心虚节坚、凌寒不惧的品质。中国是竹类植物的起源中心，竹与人类关系密切。历代诗人借竹言志，讴歌它的清雅超脱、坚韧平和、虚而有节，形成了中华传统文化特有的竹文化。竹之品格是中华民族自强不息精神的重要组成部分，因此，英国学者李约瑟曾说：东西文明乃竹之文明。基于此，挖掘竹所蕴含的独特风骨与审美，形成平凡质朴、虚怀若谷、挺拔节坚、生机勃勃的绿竹精神，由此及彼，弘扬朴实无华、谦虚内敛、弘毅自强的高职精神，二者的契合，必将形成学院独特的竹文化景观。

川东是竹资源最丰富的地区之一，光影斑驳，繁盛灿烂，竿竿端直挺拔，碧叶经冬不凋。山上山下，茂林修竹，房前屋后，茂盛堆叠，是川东最具活力的生态景观。因此将竹作为我院又一文化意象，品竹韵，习竹性，赏竹艺，建竹景，通过以竹寓德、以竹培志、以竹益智、以竹怡情，在学习竹的胸怀、气节、品格、精神中，传播人与自然和谐共生的理念。

【名句赏析】

宁可食无肉，不可居无竹。

未出土时先有节，至凌云处总虚心。

玉碎不改白，竹焚不毁节。

咬定青山不放松，立根原在破岩中。千磨万击还坚劲，任尔东西南北风。

衙斋卧听萧萧竹，疑是民间疾苦声。些小吾曹州县吏，一枝一叶总关情。

华夏竹文化，上下五千年，衣食住行用，处处竹相连。

不要人夸颜色好，要留清气在人间。

风味既淡泊，颜色不斌媚，孤生崖谷间，有此凌云气。

石之趣：川东地处丘陵，山石连绵逶迤，华蓥山被郭沫若先生誉为"天下第一雄山"，天然石林，秀峰挺拔，高山深涧，异石嶙峋。川东石质细石坚，古朴平实，最宜铺路，它匍匐于大地，静静地守望，默默地承受，其勇于担当、乐于奉献的铺路石精神正好与高职学生扎根基层，踏实工作，坚韧不屈，负重抗压的品格相契合，共同表达了一种生命的坚韧与恒久。同时，校园物质文化建设同样离不开石景的点缀，这是中国造园的特色技术。古人云：山无石不奇，水无石不清，园无石不秀，室无石不雅。赏石清心，赏石怡人，赏石益智，赏石陶情，赏石长寿，石乃园之骨。因此，修石径，建石景，立石碑，以石育德，可谓美不胜收。

【名句赏析】

坚如磐石。

它山之石，可以攻玉。

石可破也，而不可夺坚；丹可磨也，而不可夺赤。

石，一种内涵，一种奉献，一种精神，一种气势，一种脊梁，更是一种自然的演练场。那种不屈于误解，寂寞的生存的伟大。

渠江水潮起潮落，广职院春去秋来。学院独特的文化意象不仅铺陈着诗意、朗润的校园文化底色，升腾着专属于广安职院独特的美学品质，更是学院生存发展生命基石的传承，是一代代广职人倾情追寻所彰显的人文情怀和生命守候，是学院内外兼修的个性绽放，具有深邃的情感贮藏和丰富的人文意蕴。我们深信，在传承和弘扬中华美学精神的文化建设实践中，中华民族独特的美学思想将恒久地为我们提供塑造校园诗意品质的文化滋养，民族尚美的社会心理和地方文化风情演绎的中国情韵，将使广安职院的文化魅力继续绽放。

第三节　歌唱和谐校园

广安职业技术学院院歌歌词

蜀水碧，巴山清，巍巍我学府，屹立渠江滨。百年沧桑话辉煌，德技兼修大道行。我们缅怀小平丰功，励志图强，追逐梦想。我们演绎绚丽青春，意气风华，桃李芬芳。

华蓥魂，思源情，莘莘我学子，小平故里行。同学少年苦求索，笃学善思务创新。我们追寻伟人足迹，乘风破浪，启笛远航。我们高扬理想风帆，豪情万丈，自由飞翔。

广安职业技术学院院歌

赵 军 词
周 鹏 曲

1=E 2/4

进行曲风格、朝气蓬勃地

广职谣

渠水滨　白塔旁　绿树正苍苍
吾学府　沐恩泽　在水的一方

宕渠风　灵秀地　滋养我茁壮
承故庠　创新业　盛世又同襄

大学道　在明德　不息当自强
培桃李　育栋梁　满园溢馨香

学思行　德技修　芬芳我梦想
负使命　勇担当　我心任飞翔

晓风吹　日月朗　渠江水又长
文化育　行无疆　思源永勿忘

2014 年，是邓小平诞生 110 周年，也是广安职院建院 10 周年，在小平惠泽的沐浴下，学院正意气风发，阔步向前。

广职赞

甲申季春，广职始建。承小平惠泽，历春秋几度。栉风沐雨，心诚功就。昔荒山深壑现书香学府，今渠江一景添魅力广安。时光荏苒，似水流年，敬往思来，感慨万千……

斯有广职，地处赛州；物阜民安，宕渠毓秀。

毗邻白塔，远眺洪州；渠水在望，碧波悠悠。

崇先仰贤，因思源而致远；

78

史载籍承，开先河乃希贤。

史有邓公，年方二八；少年壮志，意气风华。

歌罢掉头渠江行，勤工俭学气自华。

波澜壮阔人生路，富民宏图美如画。

高山仰止，史韵铿锵，丰碑永驻，史笔流芳。

承贤继往擎大旗，百年兴学育桃李。

肩负嘱托，筚路蓝缕。

感恩奋进，生生不息。

传故庠之底蕴，书新序之新境。

水润人和群贤至，引凤筑巢仁师集。

雨润恩泽，慧心甘霖；

文化浸润，人文日新。

追寻小平足迹，求学伟人故里。

同学少年，书生意气，青春做伴，问道习技。

追寻千百度，上下求索；努力报春晖，知行合一。

德铸魂，智强基，体健身，技固本，美怡情。

五育并举，鸾翔凤集；春华秋实，下自成蹊。

试看今日之广职：春和景明，天朗气清；

　　　　　　　　芊芊绿荫，翠鸟嘤嘤；

　　　　　　　　幢幢学舍，书声琅琅；

　　　　　　　　莘莘学子，泫歌一堂。

美哉，临一湾江水，品满园春色，杏坛蓬勃，桂馥兰馨。君不见，思源春晓，揽胜于滨江；春晖煦暖，感恩于故里。明德向善，致用躬行，思贤玉成，自强弘毅。兰风蕙露，芳菲竞妍；秀外慧中，毓秀双馨。①

———————

① 杏坛、思源、春晖、明德、致用、思贤、玉成、弘毅、兰蕙、芳菲、秀慧、毓秀均为学院楼宇名。

花木榛榛欣欣以向荣，学子拳拳心旷而神怡。

学于斯，生之福，师之幸；业于斯，师之乐，生之喜。

或漫步于学苑，或流连于滨江，感生活之美好，思饮水之有源……

华鎣苍苍，渠水泱泱，小平故里，山高水长。

数我广职，根脉浩荡，思源致远，桃李芬芳。

时值建院八年，抚今追昔，虽创业艰难，仍砥砺前行，写下此篇，以兹纪念。

——2012 年 4 月　于春晖楼

思源

妈妈告诉我

做个感恩人

鸦有反哺义

羊有跪乳恩

老师教诲我

思源永相随

谁言寸草心

报得三春晖

我是故里人

铭记小平恩

毓秀宕渠风

阳光万物生

永怀思源情

明德又唯馨

追寻有大道

惠风伴远行

追寻

回眸你波澜壮阔的人生，我们追寻，
沿着你执着坚毅的足迹，我们追寻。
穿越生命的等候，
在春天的故事里，我们起航。
像你一样，
追寻内心那崇高的信仰。
历经寒彻骨，迎得梅花香。
用生命丈量，
脚印是我们书写的华章。

沿着你上下求索的步履，我们追寻，
求学在日新月异的故里，我们追寻。
透过岁月的守望，
在复兴的大道上，我们起航。
像你一样，
雄关漫道里那生命的接力。
意气风发，追逐梦想，
让青春绽放，
怒放的生命再创辉煌！

致远

携着母亲的祝福飞扬
花开的季节即将起航

梦想开始的地方

远飞的伞①

随风荡漾

飞扬飞扬

去追逐美丽的梦想

带着大地的希冀飞扬

流连那迷人的旖旎风光

缤纷的人生路上

远飞的伞

自由徜徉

飞扬飞扬

让青春竞相绽放

时间悠远

空间无限

心向远方

思源致远

　　本组诗歌作于建院十周年之际，十年创业，历历在目，"思源　追寻　致远"的校训，始终激励着广职人在有为有位的路上，感恩奋进。

——2015 年 4 月　于春晖楼

（本章由赵军撰稿）

———————————

　　①　出自小诗《遗产》

第五章

行动导向 知行合一

第一节 构建模式 以文化育

产业结构的转型升级及社会发展的演进,要求高职生不仅要具备更高的技能水平,更要具备更高的综合素养,校园文化的育人功能显得日益重要。基于人的全面发展,根据冰山理论和椭圆理论,广安职院确立了"双核共振——为学生可持续职业发展奠基"的育人理念,构建了"一核三维五元"的文化育人模式,形成了"理念——思路——模式——评价——方法"一体的文化育人运行机制,创新了文化育人建设标准,形成了"三双四会一主线"人才培养模式,指导了广安职院人才培养和校园文化建设,辐射带动了周边院校校园文化建设,广泛参与了广安地方文化建设。

一、目的与意义

(一)增强学生可持续发展能力,提升高职人才培养质量

科技的进步与发展,尤其是互联网的普及加速了产业周期的缩短,经济转型将使更多的传统产业升级或消亡,随着产业结构的升级、人才流动的加快、生产和管理方式的变革,职业岗位的快速变迁已成为发展态势,这就要求高职学生在具有知识技能的同时,更须具有正确的情感态度。而重视职业技能忽视综合素养的片面人才质量观,致使高职学生首岗胜任能力和多岗迁移能力较弱。从高职学生可持续职业发展这一目的出发,职业教育应当以培育和践行社会主

义核心价值观为己任，坚持专业知识技能培养和综合素养培育并重，促进学生全面发展，无疑成为了提升高职人才培养质量的关键所在。

（二）承担文化传承创新职能，充分发挥文化育人功能

十八大以来，以习总书记为核心的党中央，高屋建瓴，将文化建设纳入了五位一体的全面发展战略。近年来，党和国家明确要求高等学校要大力建设校园文化，高校已成为建设文化强国的重要阵地。高职教育作为高等教育的重要类型，文化传承创新是其重要职能之一。实践证明合格的社会主义建设者和接班人，不仅需要扎实的知识和技能，更需要经校园文化培育熏陶滋养的人文素养以及由此形成的正确的情感态度。高职院校立足学院和地域文化优势及特色，构建文化育人模式和实践体系，有利于推进文化传承创新，发挥文化育人功能，全面提高高职教育质量。

（三）增强文化自觉文化自信，提升高职内涵发展境界

高职院校经历了规模扩展、结构调整、模式转型、秩序重建的跨越式发展后，需进一步与时俱进，提升境界，走内涵发展道路，而内涵发展境界追求的最高层次是上升到文化发展和走向文化自觉。因此，从文化建设的高度，逐步形成独特的文化品格和优质的教学与学习系统，才能提升育人质量，真正实现可持续发展和特色发展，实现学生综合素养和高职院校内涵发展境界提升。

二、问题与需求

（一）问题导向，找准症结

高职院校要全面提升育人质量，首先应当明了学院在加强内涵建设、提升人才培养质量进程中，在学生、教师和学院治理体系方面存在的问题。

1. 学生价值观存在的问题

面对多元思想文化冲击，高职学生价值取向出现偏差，对职业教育认同度低，学习目的不明确，缺乏科学的职业生涯规划，这些现象在地方高职院校学生中尤为普遍。因此，针对高职学生理想信念模糊，学习动力不足，培育和践行社会主义核心价值观是高职院校提升育人质量的首要问题。

2. 教师职业操守存在的问题

地方高职院校的教师大多缺乏相应的行业、企业职业经历，对市场关于职

业人才综合素养的基本需求缺乏全面了解。多数高职教师存在只教书不育人，对立德树人根本任务认识不清，重知识技能轻职业素养等情感态度的培育，人文教育缺失，从而导致培育的高职学生综合素养不高。因此，针对教师只教书不育人，坚持立德树人、做"四有"教师是高职院校教师队伍建设的关键。

3. 地方高职大学化进程中软实力建设存在的问题

多数地方高职院校由中专合并升格而成，而广安职院是由单一师范学校升格为地方综合性高职院校，高校办学历史不长、经验不足，从而导致其顶层设计相对滞后，未形成文化与专业相融合的优质教学体系，人文课程被边缘化，学生素质养成教育不成系统，教育教学方法单一，文化活动缺乏科学设计；校园环境建设重宏观规划，轻职教文化内涵挖掘运用。针对广安职院在跨越式发展中存在的诸多问题，坚持全面发展、提升育人质量成为了广安职院内涵建设的重中之重。

（二）需求导向，找准方向

高职院校所培养的人才应当是符合国家职业教育基本要求，适应市场变化和需求的高端技能型人才。只有明确国家要求、学院追求、企业需求、学生渴求，找准最大公约数，才能为如何提升人才培养质量找准方向。

1. 国家要求

坚持立德树人，培养德智体美全面发展的社会主义建设者和接班人，是国家对教育的总要求。高职教育要实现"培养数以亿计的高素质劳动者和技术技能人才"的根本任务和文化传承创新的职能，需要探索文化育人的有效模式，使文化建设与专业建设合力并进，培养兼具专业知识技能和综合素养的高素质高技能人才，激发校园文化活力，繁荣社会主义先进文化。

2. 学院追求

高职院校作为高素质技术技能人才的培养者和供给方，需要主动适应产业转型升级对人才需求的新变化，不仅要提高高职学生的专业知识技能，更要提升高职学生的综合素养。因此，高职院校不仅要建设高水平的专业，更要发挥文化润物细无声的独特育人功能，将文化建设纳入学校治理体系，增强高职学生的可持续职业发展能力的同时，提升学校内涵发展境界。

3. 产业需求

我国正处于产业转型升级的关键时期，传统产业的转型升级和新兴产业不断涌现，尤其是以现代服务业为主体的第三产业的蓬勃发展，加之"中国制造"要向"中国智造""精品制造"升级以及生产和管理方式的变革，一方面意味着职业岗位兴衰更替进程加速，另一方面，意味着对高素质劳动者和技术技能人才提出了更高的要求。这些都需要高职生具备深厚的专业知识技能的同时，更需具备多岗迁移能力，具备自主学习能力、创新能力、组织协调能力，具备精益求精、追求完美的工匠精神，爱岗敬业、诚实守信的职业道德，以人为本、追求卓越品质的人文素养，等等。

4. 学生渴求

高职学生通常希望通过数年的高职学习，能够在将来的职业生涯中走得更高走向更远，实现可持续职业发展。而高职学生要真正实现可持续发展，除具备合格的专业知识技能外，更需具有爱岗敬业、诚信友善、团结协作、精益求精等诸多的职业素养。因此，根据政行企校更加注重高职学生良好的综合素养这一共同需求，构建以社会主义核心价值观为底色、促进学生全面发展的文化育人体系，对高职院校提升育人质量尤为重要。

三、理念与理论

广安职院坚持理念先行、不断探索和凝练科学的育人理念。基于马克思主义人的全面发展思想和高职院校培养"数以亿计的高素质技术技能人才"这一根本任务，根据高职学生的成长规律和职业发展规律，广安职院围绕专业建设与文化建设两大育人中心，确立了"双核共振——为学生可持续职业发展奠基"的育人理念，坚持专业育人与文化育人并重，全面提高育人质量。

（一）冰山理论

根据冰山理论，处于冰山上部的知识技能是显性表象的，易于习得，而正确的价值观等情感态度处于冰山下部，是隐性潜在的，对人的可持续职业发展至关重要，却不易养成。而现实状况是，高职院校管理者与施教者重视知识技能的学习训练，忽视正确情感态度的培育养成，而经思想文化熏陶形成的正确的人生观、世界观和价值观等情感态度，才是学生全面发展和可持续职业发展更重要的引擎。因此，确立科学的育人理念，是提升育人质量、完善高职院校治理体系的第一要务。

高职学生综合素养冰山结构图

（二）椭圆理论

利用椭圆的双焦点比喻高职内涵建设的两个中心点，即专业建设和文化建设，基于职业教育的育人目标，更基于高职学生的成长规律和职业发展规律，专业建设和文化建设应成为促进学生全面发展的双引擎，一是相关专业的知识技能，这是高职学生将来从业和谋取生存的基础，需要通过大量的专业课程和实习实训来实现，二是包含职业精神、工匠精神、人文素养、学习意识等在内的良好的情感态度，这是促进高职学生在未来职业发展中能够走得更高更远的必备素养，需要通过大量的文化课程与文化实践活动来实现。

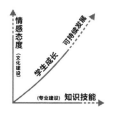

学生成长规律坐标图

双核共振育人理念示意图

改革开放30多年以来，高等职业教育发展的经验证明，高等职业教育的发展必须坚持职业素养与专业技能并重，做到从知识育人、技能育人到文化育人。围绕将高职学生培养为"高素质劳动者和技术技能人才"这一育人目标，高职院校应当确立专业建设与文化建设"双核共振的育人理念"，专业建设与文化建设两大核心是提升高职院校人才培养质量的关键，只有通过"双核同频共振"，在融合中良性互动，形成育人合力，实现教学和学习系统的优化，才能真正有效地帮助高职学生成长为既具有扎实的专业知识技能，又具有良好的职业情感态度，才能促进其全面发展，为高职学生可持续职业发展奠定基础。只有这样，高职院校人才培养质量的提升才会真正落到实处。

四、标准与评价

为进一步提升人才培养质量，确保文化建设规范有序推进，广安职院修订了《广安职业技术学院文化育人工程建设标准》，对专业建设、实习实训、文化活动、校园环境等文化育人环节进行指标细化，构建了组织建设、载体建设、队

广安职业技术学院文化育人工程建设标准简表

一级指标	二级指标	三级指标数	A级	B级	C级	说明
组织建设	机构建设	3	1	2		A级核心指标：12项 B级重点指标：13项 C级基本指标：19项 每项指标均有责任主体
	工作机制	6	2	1	3	
	专项经费	1	1			
载体建设	校园环境	5	1	2	2	
	专业建设	5	4	1		
	文化活动	4	1	1		
	实习实训	3	1	1	1	
	就业创业	4			4	
队伍建设	政治方向	1		1		
	师德师风	1		1		
	培养培训	1			1	
	表彰评优	1			1	
科学研究	职教研究	1		1		
	科研项目	3			3	
服务地方	政治生活	1		1		
	经济发展	1		1		
	文化生活	1		1		
	社会事业	1			1	
	生态文明	1			1	

伍建设、科学研究、服务地方 5 个一级指标，工作机制、校园环境、专业建设、文化活动等 19 个二级指标和 44 个三级指标，并将三级指标划分为 A 级核心指标（12 项）、B 级重点指标（13 项）、C 级基本指标（19 项），层层落实，具有可操作性和可评价性。标准体系引导了学院文化育人的有效运行，实现了人才培养质量的多元评价，成为了学院治理体系的重要组成部分。

五、模式与运行

（一）"一核三维五元"文化育人模式

围绕促进高职学生全面发展的目标，根据"双核共振"育人理念，运用跨界思维，借鉴企业管理之 CI 策划理论，探索构建了"一核三维五元"文化育人模式。

一核是文化育人的价值核心，即以培育和践行社会主义核心价值观为主线。三维是文化育人的基本维度，即围绕精神文化（理念识别 MI）、制度文化（行为识别 BI）和物质文化（视觉识别 VI）三个维度同展开。五元指文化育人的基本要素，即五大建设原则、五大建设载体、五大文化内

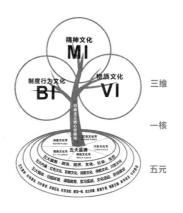

"一核三维五元"文化育人模式

涵、五大文化品牌、五大社会服务能力共推进。其中，五大原则指形神兼备、内外兼修，多维互动、收放自如，理实一体、合力共育，寓情于景、情景交融，新传结合、与时俱进；五大载体指校园环境、课程教育、实习实训、文化活动和就业创业；五大内涵指以红色文化激励人、职教文化塑造人、民族文化培养人、传统文化熏陶人、川东文化影响人；五大品牌指红色文化节、技能文化节、民族文化节、传统文化节和渠江论坛；五大服务能力指积极服务地方政治、经济、文化、社会和生态文明"五位一体"发展格局。

在育人实践中，坚持以问题为导向，找准制约高职人才培养质量提升在学生、教师和学院存在的问题，特别是地方高职在追赶跨越式发展中，因自身和

地方经济发展制约，在治理体系和治理能力等软实力建设中存在的问题，结合政行企校对人才素养的需求和学院办学定位，探索形成了学院"三双四会一主线"人才培养模式：三双——双主体、双带头人、双课堂；四会——学会做人、学会做事、学会学习、学会生存；一主线——以社会主义核心价值观为文化育人的价值核心，指导了专业人才培养模式的制定，如建筑工程技术专业形成了"一核二线三阶四双五技"的人才培养模式，学前专业构建了"院园共育、四心七技、进阶入岗"的人才培养模式等。

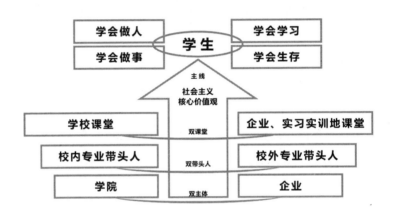

"三双四会一主线"人才培养模式

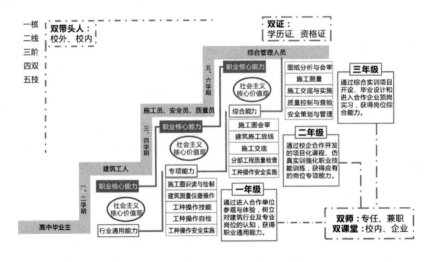

建筑工程技术专业"一核二线三阶四双五技"人才培养模式

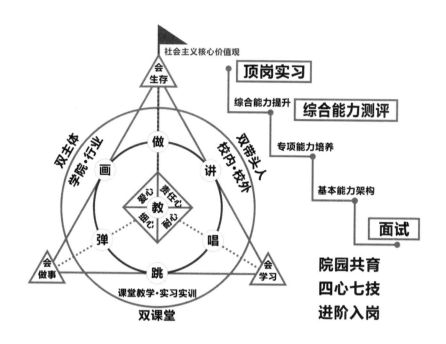

学前教育专业"院园共育 四心七技 进阶入岗"人才培养模式

为探索伟人故里职业教育发展新路径，成立了邓小平职业教育思想研究所，出版了邓小平职教思想研究三部曲，为学院改革发展提供了理论支撑；依托校园文化建设研究中心，广泛开展文化育人项目的研究与实践，开发了具有广安职院文化意象的校园文化产品20余种，培育了1123高职第一课、少数民族学生复合式管理、我们的节日、渠江晨读、"奉献青春，服务广安"小平故里大学生志愿文化服务等项目，其中"1123高职第一课"通过讲精神、诵经典、练军姿、观故里、修家书，培养爱国精神、学习职教文化、传承工匠精神、修炼意志品质、培养感恩品格，开启了新生高职学习新人生。同时，学院坚持产教融合，更加注重基于专业特点的工学结合育人项目开发，搭建了理实融合的学生学习平台。

工学结合育人项目表

项目名称	项目内容	实施单位（专业）	备注
茂林文化艺术中心	红色文化旅游产品创意设计、竹丝画帘非遗传承、校园文化产品设计开发、地方文化建设服务	艺术设计、美术教育专业	著名油画家林茂领衔、与邓小平故居管理局合作
生物技术服务中心	生物技术的研究与应用、服务广安及周边生物技术产业发展	医药卫生系	国家千人计划引进人才刘武江教授领衔，与广安市中医院合作
蝴蝶生态旅游园	园林专业植物栽培、景观营造、活体蝴蝶养殖观赏与科普教育、乡村旅游服务等	园林技术、旅游管理专业	与玉屏湖景区合作
工程造价研究所	工程造价技能培训、工程造价咨询与服务	工程造价、建筑工程技术专业	建城系主办的独立二级机构
汽车维修服务中心	汽车维修与美容服务	汽车维修与营销专业	与力帆、北汽集团合作
德馨国学馆	编撰《渠江吟诵》读本，开展学国学、读名著、诵经典，学习书法、武术等传统文化，川东文化学习与传承	语文教育专业	与广安市文联合作
红色导游站	文化礼仪培训；广安红色文化旅游服务及地方文化节日庆典服务	旅游管理专业	与金鼎旅行社合作
九思茶艺室	茶艺实训、茶文化展示、教师茶歇服务和对外接待		
曹于亚爱心工作室	道德讲堂及感恩系列文化活动	音乐、学前教育等专业	由全国首先模范曹于亚领衔、与邓小平故居管理局合作
思源合唱团	服务广安的系列文化艺术活动		
……	……	……	……

（二）文化育人运行机制

为保障"一核三维五元"文化育人模式有效实施，学院形成了"理念——思路——模式——评价——方法"一体的文化育人运行机制。理念上，确立了"双核共振——为学生可持续职业发展奠基"的育人理念；思路上，按照学院

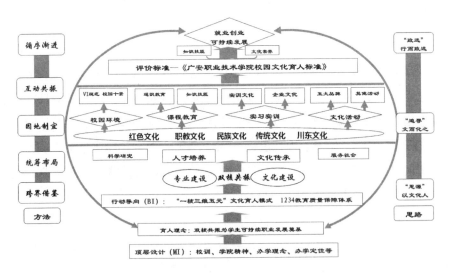

"一核三维五元"文化育人模式运行机制框架图

"思源　追寻　致远"校训，确立了"以文化人，文而化之，行而致远"的文化育人基本思路；模式上，构建了"一核三维五元"文化育人模式；评价上，

制定了《广安职业技术学院文化育人工程建设标准》；方法上，综合运用了统筹法、借鉴法、浸润法、本土化、品牌化等方法作为技术保障。

六、应用与效果

（一）指导了广安职院人才培养和校园文化建设

以双核共振理念为先导，在"一核三维五元"育人模式指导下，学院优化了校训、办学理念、办学定位、学院精神等顶层设计；凝练了学院"三双四会一主线"人才培养模式，并融入了专业人才培养方案的制订和教学实践，培育开发了系列工学结合育人项目，探索了文化建设与专业建设共振融合育人路径，固化了学院五大文化品牌，开展了丰富多彩的系列文化活动，提升了学生综合素养；建成了学院 VI 识别系统，规范了相应的文化元素在学院宣传阵地、建筑外观、楼宇道路命名、实训室等教学场地的使用，开发设计了青花 U 盘、水晶笔筒及镇尺、书签等文化产品 20 余种，建成了小平丰碑、思源揽胜、水润人和、匠星闪耀等校园文化十景。学生参与职业技能大赛获奖数量和等级不断提升，就业质量稳步提高，师生文化自信和文化自觉进一步增强。

（二）辐射带动了周边院校校园文化建设

"一核三维五元"文化育人模式研究与实践，在《中国教育报》《中国青年报》等进行了宣传报道，被人民网、中青在线等转载；在巴中职业技术学院、邻水职业中学、邻水石永中学、岳池罗渡中学等进行了推示示范，在湘鄂渝川黔边区高职高专校际协作会上，与省内外 20 余所高校同行专家进行了广泛交流；积极参与市内外文化建设创意服务，应邀为四川文化产业职业学院非物质文化遗产学院设计 LOGO 并被采用，运用我院文化育人运行体系，先后为石垭中学、齐福小学等十余所中小学设计了校园文化建设方案，从顶层设计、行为规范和视觉识别等方面着手，挖掘并提炼出有关学校的文化内涵，如为齐福小学量身设计了以齐身、齐心、齐志、齐进为校训，感恩教育、忠信廉耻教育、历史觉悟教育为内涵，建设川东北红色文化摇篮为目标的文化育人方案，已被该校采纳。

（三）广泛参与了广安地方文化建设

组织师生多次参加中国文联下基层、中央电视台"心连心"艺术团广安行、华蓥山旅游文化节暨幺妹节等文化活动；"曹于亚爱心工作室"开展了系列感恩之旅，邻水石永中学将广安职院青年教师、全国首届道德模范曹于亚捐肾救父之日确定为感恩日；建成了邓小平图书馆分馆，面向社会开放；积极参加精准扶贫，组织师生开展文艺演出、赠图书、送春联等，并为扶贫村建设文化活动室，开展了美丽乡村风景油画创作；聘请广安籍青年油画家林茂为特聘教授，成立了广安茂林文化艺术中心，为小平故居管理局设计研发了"小平故里·感恩之旅"系列旅游文化产品，为广安市文明办设计了弘扬社会主义核心价值观系列海报，为广安区教体局设计了《賨州风清好扬帆》画册，为协兴园区设计的党群服务活动中心建设方案被采纳，为结对扶贫村设计了公共服务中心和乡村文化带规划，为广安市东南片区设计"双猫"造型城市路灯被推广使用，广职大学生文化志愿服务团已成为服务广安五位一体全面发展不可或缺的生力军。

（本节由赵军、甘华银、王丽华撰稿）

第二节　项目驱动　典型示范

为深化"一核三维五元"文化育人模式的运行，提升人才培养质量，学院运用职教思维，以任务为驱动，项目为引领，培育、开发并实施了大量的文化育人项目。

项目一　五大文化品牌建设

品牌体现着人们对产品质量、实用功能、文化价值的认同和信任，品牌的本质就是品质。本项目所说的文化品牌是一项制度化设计，不仅包含质量和技术，展示形象和精神，还指品牌内涵的先进性，建设方法的科学性，多元载体的优质性，广大师生的认同性，能经受时间考验并不断优化和增值。因此，挖掘品牌资源、塑造品牌形象、提升品牌价值所形成的文化符号，不仅能成为宣传学院、扩大影响的重要载体和文化资源，更能成为一代代学子铭记和传承的无价之宝。

我院以项目为单元的品牌文化建设，坚持鲜明的文化主题，坚持独特的职教思维，按照项目、任务、措施、评价一体的推进机制，结合国家的文化导向及学生的文化需求，确定典型的文化活动任务，形成了红色文化节、职教文化节、民族文化节、传统文化节、渠江论坛五大校园文化品牌。

如果将校园文化比作一台精彩大戏，那么五大文化活动品牌好似五个折子戏，既一脉相承，又相对独立，由学工部、团委统领，宏观安排，再以系、班为单位实施，指导学生完成策划、组织、宣传、执行，按照项目导向、任务驱动，全方位展示校园精神。这种精心设计的校园文化，必将成为师生期盼的文化盛宴，演绎和投射出校园丰富的文化剪影。

红色文化节

红色文化是一种具有中国特色的文化形态，内含着党的意识形态，是培育和践行社会主义核心价值观的重要文化资源。珍惜党领导人民创造的革命文化，始终坚持社会主义先进文化的前进方向，围绕以爱国主义为核心的民族精神和以改革创新为核心的时代精神教书育人，为学生打上红色烙印，注入红色基因，是培育可靠接班人的重要任务。

主题：崇先仰贤思源致远

标识：

（设计者：王雪松）

时间：每年九月

任务：习文化、强军训、传精神、怀英烈、观故里、庆双节

1. 习文化

主题：学文化知行合一 习规章遵纪守规

（1）围绕校本教材《初心　匠心　报国心》，通过入学教育和班级活动开展"1123"高职第一课，学习工匠文化，培养学生以技报国的理想和对职业教育的认同。（承办：学工部、团委）

（2）围绕校本教材《五元互动的高职校园文化建设》读本，系统讲授五元文化知识，介绍学院的特色文化活动。（承办：科研处）

2. 强军训

主题：忠诚　担当　弘毅　刚强

（1）练军姿：军旗猎猎，军歌嘹亮。演练军姿，培养毅力。

（2）严内务：教官示范，学习评比，规范内务，净化环境。

（3）学理论：学习军事理论，增强国防意识。

（4）展风采：通过汇报表演——方阵检阅、徒手操练、匕首操表演，展示军训成果。（承办：学工部、团委）

3. 传精神

主题：弘扬主旋律　传播正能量

（1）我们的价值观——社会主义核心价值观宣传月。（承办：宣传统战部思政教研室）

（2）校园顶层设计的学习传播。（承办：宣传统战部）

（3）红色精神文化讲座——坚定信念，思贤进取。传承精神，让红色文化历久弥新。（承办：宣传统战部　思政教研室）

4. 怀英烈

主题：铭记历史　缅怀英烈

普及中国抗日战争史，引导勿忘国耻，强化团结就是力量，落后就要挨打的意识，继承和发扬先烈们英勇精神，倡导改革创新的时代精神，增强爱党爱国情感，增强社会主义核心价值观，坚信人民有信仰、民族有希望、国家有力量。

（1）宣传普及抗日战争知识。（承办：宣传统战部）

（2）观看抗日战争影片。（承办：学工部、团委）

（3）开展系列教育文化活动，包括绘画、书法、演讲、诗朗诵和歌咏会。（承办：各系）

5. 观故里

主题：伟人风范　高山仰止

参观小平故里，缅怀伟人丰功，学习小平同志的崇高品格、伟大胸怀，激励学生奋发有为，天天向上。（承办：学工部、团委）

6. 庆双节

主题：双节同庆喜迎新生

（1）迎中秋，吟诗诵词，望月思亲，讲授传统文化知识。（承办：各系）

（2）庆国庆，载歌载舞，讴歌祖国，唱响共和国之恋，展示校园青春文化的丰富多彩。（承办：学工部、团委）

技能文化节

技能文化是一种融合产业文化、企业文化、职业文化的文化形态，它以弘扬中国优秀传统文化和工业文明为己任，引导学生一丝不苟研习职业技艺，认认真真传承工匠精神。举办技能文化节，旨在通过丰富多彩的技能比赛，弘扬劳动光荣，技能宝贵，创新伟大的时代精神，促进学生良好职业素养和职业技能的养成，进一步反思中国曾经作为世界最大的原创国，对人类科技发展做出了许多重要贡献，但在工业革命的进程中发展滞后的深层原因，激励学生学好技艺，以技报国。

主题：问道明理修文强技

标识：

（设计者：王雪松）

时间：每年五月

任务：竞技艺、勇创业、习文化

1. 竞技艺

主题：德技双馨　展我风采

（1）职业技能比赛及技能成果展。（承办：学工部、团委　各系）

（2）实训室文化比赛——按照标准化、职业化、企业化、审美化要求，建设仿真实训室。（承办：教务处　各系）

2. 勇创业

主题：争做"领头雁"成就创业梦

（1）邀请成功人士开展创业讲座。（承办：学工部、团委　各系）

（2）邀请省内外优秀创业团队指导学生模拟创业。（承办：各系）

（3）召开座谈会，组织学生分享模拟创业收获的得失，举办创业成果展。（承办：各系）

（4）召开就业指导课老师座谈会。（承办：组织人事处）

3. 习文化

主题：知行合一　行而致远

（1）邀请政府职能部门讲区域经济的发展动态和产业行业文化建设的理念；邀请企业家走进校园，分享企业在创业、管理、文化和创新上的成就；组织教师围绕职业文化进行专题研讨。（承办：党政办、校企合作处、组织人事处）

（2）学六艺，开展专题讲座，讲授礼、乐、射、御、书、数相关知识，了解古今技艺的传承和发展，思考李约瑟难题。（承办：科研处）

（3）开设现代工业文明知识讲座。（承办：科研处）

（4）技能竞赛知识讲座。（承办：教务处）

民族文化节

在中华民族五千年璀璨历史的演进中，中华文明的开放性和包容性孕育了团结统一、爱好和平、勤劳勇敢、自强不息、刚健有为的民族精神。文化学者马未都说："中华民族是一个极为宽厚的民族，对其他文化，一直怀有海纳百川，有容乃大的襟怀"。民族文化节是学院正视不同文化背景下成长的学子的文化诉求，量身定制的跨文化交流和情感释放的平台，通过弘扬团结进步的正能量，树立和而不同、和而相融、和合一体的理念，形成各民族学生取长补短、兼容并包的文化观，是大学民族思想教育的重任。

主题：多元一体包容和谐

标识：

（设计者：王雪松）

时间：每年十一月

任务：讲团结、展文化、秀才艺、研模式

1. 讲团结

主题：平等　团结　互助　和谐

（1）民族团结知识讲座，邀请民族问题研究专家或市民宗局领导做主题报告，宣讲民族政策和三个离不开的思想。（承办：学工部、团委）

（2）指导民族交流社，开展座谈交流。（承办：学工部、团委）

2. 展文化

主题：各美其美　美美与共

举办民族文化展，内容包括各民族历史介绍，风俗演绎、歌舞展示、服饰走秀、美食品尝等表现民族民俗的内容，展示民族文化的多样性、丰富性，感受民族文化的博大精深。（承办：民族交流社）

3. 秀才艺

主题：艺彩飞扬　展我风采

（1）民族风文艺晚会，围绕宣传各民族积极向上的民族风貌，展示各民族灿烂文化，通过歌舞、器乐、情景剧、朗诵等，实现弘扬民族精神，实现伟大中国梦的活动主旨。（承办：学工部、团委）

（2）少数民族学生专场感恩音乐会。（承办：学工部、团委）

（3）举办最炫民族风周末民族团结舞会，表演锅庄、达体等民族舞蹈，领略不同的民族风情和艺术人文气息。（承办：民族交流社）

4. 研模式

主题：和而不同　和而相融

举办少数民族学生复合式管理模式研讨会。（承办：学工部、团委）

传统文化节

学习和传承优秀传统文化，目的在于引导学生领悟传统文化精华，感受优秀传统文化魅力，接受优秀传统文化洗礼，懂得中华民族生命绵长，中华文明历久弥新在于它所包含的修齐治平、与时俱进、建功立业的思想理念，自强不息、敬业乐群、见义勇为的传统美德，和而不同、以文化人、节俭自守的人文精神，形成见贤思齐、崇德向善的价值追求。

主题：博采众长　弘扬文明

标识：

（设计者：王雪松）

时间：每年四月

任务：读名著、诵经典、歌咏志、讲道德、习书画、知年节

1. 读名著

主题：书香广职　悦读青春

以世界读书日（每年4月23日）为契机，营造书香萦绕的阅读氛围，与经典同行，和圣贤为友，诵经典，知礼仪，讲文明，激发学生关注经典，热爱经典，传承经典的文化自觉，实现读书明理，读书培智，读书思源的育人效果。

读史使人明智，读诗使人聪慧，演算使人精密，哲理使人深刻，伦理学使人有修养，逻辑修辞使人善辩。

——培根

（1）传统文化知识讲座。（承办：科研处）

（2）100本经典书目推荐。（承办：图书馆）

（3）精品书刊现场展示。（承办：图书馆）

（4）书香心语主题班会。（承办：各系各班）

（5）"感恩小平 中国梦在广安"读书征文。（承办：院团委）

2. 诵经典

主题：诵国学经典 展华韵风采

经典是民族文化的最高形态，吟诵是我们向经典致敬的最好形式，同时与秀汉服、习礼仪、赏古乐有机统一，通过诗礼教化，实现文化认同和传承。（承办：各系）

3. 歌咏志

主题：弘传统文化 歌青春梦想

举办校园歌手大赛，通过声情并茂演唱具有浓厚古典韵味的歌曲，陶冶情操，提升品位。（承办：院团委、各系）

4. 讲道德

主题：知礼仪 懂廉耻 勇践行

通过善、诚、孝、强的学习，培养学生自强、厚德、尚义、守信、明礼、尽孝、报国的思想品德，积小善为大善，积小德为大德。

（1）行孝。

曹于亚爱心工作室孝文化讲座、思源感恩系列文化活动。（承办：宣传统战部）

牵手夕阳红。（承办：学生会）

清明祭扫。（承办：学生会）

（2）崇诚。

"我最喜欢的诚信格言、人物"征集活动。（承办：学生会）

诚信教育专题讲座。（承办：各系）

（3）向善。

勿以善小而不为，勿以恶小而为之。养成教育活动及学生日常管理专项整治活动。（承办：学工部、团委、各系）

众筹："汇集善的力量"募捐活动。（承办：院工委、院红十字会）

5. 习书画

主题：书廉洁人生 绘中华神韵

（1）通过书写廉洁人生书法大赛，练书法、端品行。培养学生崇廉尚洁的

良好品德和慎独慎微的自律意识。（承办：院工会 监审处）

（2）举办国画展。（承办：艺术设计系）

6. 知年节

主题：知中华传统 积文化底蕴

（1）我们的节日——传统文化知识讲座。（承办：科研处）

深入挖掘民族传统节日文化内涵，广泛开展优秀传统文化普及活动，充分发挥重要节庆传播文化、思想和礼仪的独特优势，追溯先人雅致而宁静的诗意生活，体验他们其乐融融的生活品质，感受中华文明的温馨与和谐，领悟中华文化的博大与绵长。

（2）传统节日民俗文化图片展。（承办：学工部、团委）

渠江论坛

体验地域文化的力量和独特，感受乡土文化的温馨和美好，是举办渠江论坛的目的。地域文化是一切艺术之根，而广安是一个有着深厚传统文化底蕴的地方，因此，在传承研习中追寻一方水土滋养下的乡土文化独特魅力和永恒价值，是地方高职的文化使命。

主题：汇珍集锦 传承民俗

标识：

（设计者：王雪松）

时间：每两年六月

任务：**扬精神、研民俗、建基地、传非遗**

1. 扬精神

主题：励志图强 奋发有为

召开座谈会，弘扬广安"崇先仰圣、创业求新、坚韧求是、包容诚信"的城市精神，介绍广安日新月异的发展变化，了解一代代广安人励精图治、感恩奋进的奋斗历程，培养热爱广安，建设广安的认同感、归属感。（承办：宣传统战部）

2. 研民俗

主题：知宕渠民风　感乡音乡情

邀请川东民俗文化专家走进校园做报告，介绍独具特色的川东文化，体验地域文化的温暖独特，感知乡土文化的淳朴美好。（承办：宣传统战部）

3. 建基地

主题：合作共建　资源共享

与有识之士共建广安民俗博物馆，组织师生参观学习，了解广安的历史渊源，在比较中感受广安改革开放前后的城乡巨变。（承办：宣传统战部）

4. 传非遗

主题：传唱清音灯戏　研习竹丝画帘

利用西部首个中国曲艺之乡——岳池的资源优势，组织师生参观非物质文化遗迹，学习传承清音等文化艺术；利用武胜省级非物质文化遗产竹丝画帘，组织师生研究、学习相关工艺。（承办：宣传统战部）

综上所述，五大文化品牌活动开展的评比与总结工作由学工部、团委和各系组织进行，旨在通过评比、查找问题、增添措施、创新方式和内容，为下一年活动有序开展积累经验。需要指出的是五大文化品牌活动仅仅是对日常文化活动的一次集中展示和汇报，其系统性和覆盖面还不能代表校园文化的全部，经常性的文化教育活动才是贯穿校园文化建设始终的重要内涵，其系统性和全局性使它拥有更高远的思想，更丰富的平台，更多元的参与，更有利的辐射，更深远的影响。因此，由下至上的活动开展，全员自觉参与的文化建设，长效的文化机制创新才是校园文化持续推进的内动力。

（本项目由赵军撰稿）

项目二 "1123"高职第一课

千里之行，始于足下。

我们立足于国家要求、社会需求、个人追求，遵循培育和践行社会主义核心价值观，通过"爱国情、强国志、报国行"礼敬中华优秀传统文化系列活动，围绕以弘扬爱国主义为核心，以工匠精神为内涵的文化体系，构建了"1123"高职第一课育人模式：

【围绕一条主线】：以弘扬爱国主义精神为主线

【确立一个主题】：礼敬传统文化，培养爱国之情

传承工匠精神，砥砺强国之志

突出德技并重，实践报国之行

【构建两个载体】：课内、课外（理论、实践）

【推进三心工程】：构筑初心、传承匠心、实践报国心

习近平同志指出："中华优秀传统文化已经成为中华民族的基因，根植在中国人内心，潜移默化影响着中国人的思维方式和行为方式。"它是社会主义核心价值观的重要内涵。因此，我们牢牢把握优秀传统文化的价值目标，挖掘讲仁爱、重民本、守诚信、崇正义、尚和合、求大同的价值内涵，旨在通过历史积淀的文明智慧，筑牢学子职业信仰，构筑初心，拥有匠心，以技报国，追梦前行。

一、构筑初心，培养爱国之情

人之初，性本善。——《三字经》

人生若只如初见。——纳兰性德

靡不有初，鲜克有终。——《诗经》

向为身死而不受，今为宫室之美为之；向为身死而不受，今为妻妾之奉为之；向为身死而不受，今为所识穷乏者得我而为之：是亦不可以已乎？此之谓失其本心。——孟子

那么，初心是什么呢？在古人看来，初心就是与生俱来的善良和真诚，是

历经漫漫人生，依然"只如初见"的美好和不改初衷，是始终如一，"有初""有终"的永葆本色，是向善而生、慎独自律的不失本心。更是不辱使命、锲而不舍的善始善终……

翻开历史的篇章，在一幕幕、一帧帧为民族复兴而拼搏的画卷里，我们看到了志士仁人怀揣家国梦想，前赴后继、上下求索，创造了灿烂的中华文明，他们以坚定的初心、执着的追求，在漫长的历史长河中演绎成了一种可歌可泣的中国精神，即：

孔子"士不可以不弘毅，任重而道远"的责任担当；

屈原"路漫漫其修远兮，吾将上下而求索"的孜孜追寻；

李白"乘风破浪会有时，直挂云帆济沧海"的勇往直前；

范仲淹"先天下之忧而忧，后天下之乐而乐"的远大抱负；

文天祥"人生自古谁无死，留取丹心照汗青"的爱国情操；

是毛泽东同志"恰同学少年，风华正茂，指点江山，激扬文字"报效祖国的万丈豪情；

是周恩来同志"面壁十年图破壁""为中华崛起而读书"振兴中华的人生宏愿；

是邓小平同志"深情地爱着我的祖国和人民"，历经三落三起，为民谋福祉的忠贞不渝；

是以习近平同志为总书记的党中央带领全国人民，牢记宗旨，肩负使命，求真务实，开拓创新，致富奔康的筑梦追梦之旅……

那么，初心就同学们而言又是什么呢？

其实，初心是同学们在入学之初建立的高尚的职业信仰：

是学子们站在人生起点，立下的为振兴中华而努力奋斗的壮志雄心；

是学业开端就牢固树立的职业教育大有作为的坚强信心；

是潜心学习，提升内涵，苦练技能的坚定决心；

是学以致用，忠诚担当，以技报国的赤胆忠心……

因此，拥有了初心，就拥有了一个美好的人生起点和行万里路的正确方向；拥有了初心，就拥有了一个蓬勃事业的根基和事业可持续向前的引擎。

愿我们不忘初心，继续前行。

二、传承匠心，砥砺强国之志

如切如磋，如琢如磨。——《诗经》

君子不器。——孔子

敬业乐群。——《礼记》

治之已精，而精益求精。——朱熹

操千曲而后晓声，观千剑而后识器。——刘勰

天机云锦用在我，剪裁妙处非刀尺。——陆游

积财千万，不如薄技在身。——颜氏家训

礼敬优秀传统文化，吸取先贤智慧精华。在与中华文明的千年守望中，面对灿若星辰、汇聚致臻匠心的不朽之作，我们不仅领略了能工巧匠的智慧与巧思、情怀与梦想，更感悟了一个又一个匠心凝集的中国制造和中国创造源源不断地汇入人类文明的大海，是中华民族对世界文明的卓越贡献，文化自信感油然而生。且不说指南针、火药、造纸术、活字印刷术等四大发明带给炎黄子孙的民族自豪，更有那"水从碧玉环中去，人在苍龙背上行"的桥梁样板赵州桥；功在当代、泽被后世、气象万千的宏大水利工程都江堰；技艺精湛、工艺独特、精美绝伦的青铜器皿；精思俱汇、巧夺天工、匠心独运的候风地动仪；集百工工艺，大气磅礴、美轮美奂的故宫建筑群；因地制宜、叠山理水、精巧别致的苏州园林；榫卯精密、简练舒展、工艺精细的明式家具；望闻问切、系统思维、辨证施治的中医技艺；古朴典雅、赏心悦目、浑然天成的中国瓷器……各美其美的匠艺瑰宝，从五千年文明中走来，带着千年的情感温度、精神高度，静静地讲述着博大精深的中国精神和中国故事，让人莫不感叹中国创造是如此的精妙神奇，匠人精神是这般的生生不息。

少年强，则国强。站在新的历史起点，青年一代肩负强国之梦，传承弘扬工匠精神，不仅是一种人生态度，更是我们的价值追求。在追求中国制造和中国创造的品质灵魂中，不仅要礼赞庖丁解牛得心应手、游刃有余的绝活；卖油老翁"我亦无他，唯手熟耳"的技艺娴熟和精准；说书艺人勤学苦练、叹为观止的说唱本事；雕刻艺人心手相应、妙手天成的绝妙技艺；制药工人"炮制虽繁，必不敢省人力"的敬业笃行和"修合无人见，存心有天知"的慎独自律。

还要在更广阔的民族复兴的大视野中，自觉融入大众创业、万众创新的时代洪流，引领"劳动光荣，技能宝贵，创造伟大"的时代风尚，进一步挖掘传统工匠文化的当代价值，将以爱国主义为核心的民族精神和以改革创新为核心的时代精神融入其中，在传承和创新中践行：

忠诚担当，以技报国的爱国情怀；

爱岗敬业，专注执着的职业操守；

精益求精，一丝不苟的技术追求；

注重工艺，追求完美的审美取向；

尊师重道，诚实守信的伦理规范；

传承有序，革新鼎故的创新精神；

刚毅顽强，坚韧不拔的意志品质；

只争朝夕，奋发有为的工作作风。

这种独具精神高度，又有时代气质的中国工匠文化必将引领我们始终不渝坚守匠心品质，专注匠心耕耘，并内化为一种精神动力，在追梦路上，砥砺前行。

三、坚守初心，实践报国行

天下兴亡，匹夫有责。——顾炎武

常思奋不顾身，而殉国家之急。——司马迁

国而忘家，公而忘私。——班固

鞠躬尽瘁，死而后已。——诸葛亮

祖国如有难，汝应作前锋。——陈毅

列宁曾说过，爱国主义是千百年来巩固起来的对自己国家的一种最浓厚的感情。"为什么我的眼里常含泪水，因为我对这土地爱得深沉。"则道出了一代又一代中华儿女对国家的真挚情感。岁月悠悠，征途漫漫，指点江山激昂志，书写拳拳报国情：它是孟子"富贵不能淫，贫贱不能移，威武不能屈"的浩然正气，是陆游"位卑未敢忘忧国"的家国情怀，是曹植"捐躯赴国难，视死忽如归"的大义凛然，是林则徐"苟利国家生死以，岂因祸福避趋之"的忠诚担当，是秋瑾"粉身碎骨寻常事，但愿牺牲保国家"的舍生取义，更是龚自珍

"落红不是无情物，化作春泥更护花"的忠贞不渝。物换星移，时光荏苒，在承前启后、继往开来的征程中，实践报国行就是我们高扬的以爱国主义为核心的五四精神，是救亡图存、抗击外敌，为民族解放和新中国建立敢于斗争、敢于胜利的浴血奋战，更是在火热的社会主义建设中，涌现出的"为国分忧，为民族争气"的铁人精神，"为国争光，自强不息"的航天精神，"热爱祖国，无私奉献，自力更生，艰苦奋斗，大力协同，勇于攀登"的两弹一星精神，以及一代代中华儿女以天下为己任，为国家富强、民族振兴、人民幸福奋发有为的生动实践……

少年强，则国强。站在新的人生起点上，青年一代肩负历史使命，怀揣"以青春之我，创建青春之国家，青春之民族"的抱负，实践报国之行，须有"家事国事天下事事事关心"的齐家治国平天下的雄心壮志，"莫等闲，白了少年头"的时不我待和只争朝夕，"功崇惟志，业广惟勤"的伟大志向和勤勉敬业，以及德能双修，苦练本领，以技报国的知行合一。唯其如此，才能在有限的职业生涯中为国家添砖加瓦，建功立业，实现胸怀拳拳报国心、劳动托举中国梦的远大理想。

在推进"三心"培育工程中，我们立足于培育和践行社会主义核心价值观，高扬爱国主义大旗，弘扬工匠精神，通过讲、诵、练、修、观等系列活动，引导青年学子树立和坚持正确的"四观"：

1. 树立和坚持正确的历史观

自觉从历史长河和全球视角，思考中国古代对人类科技发展做出了很多重要贡献，为什么科技和工业革命却没有在近代的中国发生，思考传统工匠精神在与时俱进中的精神价值及当代传承中的现实意义，思考自己如何在传统文化和工匠文化的学习中，苦练本领，德技兼修，早日投入到中国制造 2025 的火热实践中。

2. 树立和坚持正确的民族观

用大量史实，感知并践行中华民族在长期的历史进程中积淀孕育的"团结统一，爱好和平，勤劳勇敢，自强不息，刚健有为"的民族精神。从一代代能工巧匠为民族繁荣昌盛奋发有为的感人故事中，获得灵魂的滋润。从民族品牌盛衰存亡的视角，树立国货当自强的观念和"只有民族的才是世界的"的理念，强素质，练本领，为中国创造走向世界奋发有为。

3. 树立和坚持正确的国家观

爱国、强国、报国是每一个中华儿女义不容辞的职责，广大青年不仅要从历代志士仁人保家卫国、可歌可泣的事迹中，培养爱国之情，砥砺强国之志，实践报国之行。更要在礼敬古代工匠智慧中，进一步认识工匠文化作为中华文明的重要价值内涵，推动了历史车轮的滚滚向前，是国家繁荣昌盛，民族生生不息，人民幸福安康的源泉。

4. 树立正确的文化观

用中华文化蕴含的丰富智慧和思想文化道德滋养，塑造精神品格，在强调"文化自信"的今天尤为重要。通过内涵丰富的工匠文化学习传承，让初入高职的学子认识到伟大的古代工匠是技艺精湛的引领者，职业操守的守护者，创新创造的开拓者，树立职教文化自信，就其人生定位与职业生涯拓展，意义何其重大。同时，还要引导学生自觉学习外国先进文化，既不数典忘祖，又要海纳百川。近代睁眼看世界第一人林则徐曾谆谆告诫我们"师夷长技以制夷"，用他山之石培养跨文化的意识，兼收并蓄，为我所用，最终形成一种大气包容的文化观。如对德国工匠文化的学习，既要了解德国人严谨理性的民族性格是德国制造的核心文化，还要学习包含价值、追求、口碑、质量等元素所形成的工匠文化，是德国制造品质精良的重要法宝。

千里之行，始于足下。高职第一课是用正确的开启方式打开新生的职教学习之门，初步完成对他们的职教启蒙，形成基本的价值认同和价值信仰，但这只是万里长征的第一步，不能毕其功于一役，立德树魂、修文强技是一项任重道远的系统工程，需要运筹帷幄；制度设计，需要持之以恒，锲而不舍，需要慧心甘霖，精心哺育，如此，方能潜移默化，久久为功。

附：

"礼敬传统文化　弘扬工匠精神"高职第一课活动方案

为深入贯彻落实中央关于培育和践行社会主义核心价值观的意见要求和习近平总书记关于弘扬中华民族优秀传统文化系列重要讲话精神，按照中央、省、市相关文件要求，结合学院工作实际，经研究，决定在全院新生中开展"礼敬传统文化，弘扬工匠精神"高职第一课系列活动，特制订活动方案如下：

一、活动主题

"初心·匠心·报国心——礼敬中国优秀传统文化"

二、活动目的

通过围绕主题举办系列活动，大力弘扬伟大爱国主义精神，唱响爱国主义旋律，引导新入校大一学生树立和坚持正确的历史观、民族观、国家观和文化观，培养爱国之情，培育工匠精神，不断提升大一新生对职业教育和工匠精神的认知与认同，不断提升对社会主义核心价值观的文化自觉与精神共鸣，进一步增强对伟大祖国的认同、对中华民族的认同、对中华文化的认同、对中国特色社会主义道路的认同。

三、活动内容

围绕弘扬爱国主义精神这条主线，突出学院地域特色、学校特色和专业特色，突出职业教育文化氛围，结合"五元互动的高职校园文化建设"实践，通过以下形式广泛开展相关活动：

1. 讲

主题：学习、认知、分享

活动内容：

老师讲：在新生入学教育期间，集中讲授爱国主义、工匠精神和校园文化专题，给新生进行认知启蒙和"岗前培训"。

学生讲：新生利用班团活动时间，讲述自己对爱国主义、工匠精神和校园文化的感受和理解，相互分享学习心得；学生利用微博、微信等平台，分享自己的所学、所感、所思。

实施部门：学工部、团委、各二级学院

2. 诵

主题：传播经典　领悟真谛

活动内容：精心编辑入学手册，结合《渠江吟诵》晨读教材，引导新生利用晨读时间吟诵，推动学生学习和传播中国传统经典名篇，领悟中国优秀传统文化中所蕴含的做人、做事真谛。

实施部门：各二级学院

3. 练

主题：练军姿　健体魄　强意志

活动内容：通过新生入学军训，结合 9 月 3 日抗日战争胜利纪念日活动，不断激励学生练标准军姿，塑造健康体魄和健全人格，锤炼坚强意志品质。

实施部门：学工部　团委

4. 修

主题：爱国　爱校　爱家

活动内容：通过中国传统的"修家书"活动，勉励新生以书信形式向家长汇报自己的学习和思想情况，培育学生的爱国、爱校、爱家情怀。

实施部门：各二级学院

5. 观

主题：崇先仰贤　思源致远

活动内容：组织新生参观小平故居，瞻仰小平铜像，深入了解我国社会主义建设事业的开创者邓小平同志的丰功伟绩，增强学生对广安、对学院以及对校训"思源、追寻、致远"的认同，培育学生的感恩意识，激励学生追寻伟人足迹，努力开创新人生。

实施部门：宣传统战部、学工部、团委

（本项目由赵军、赵俊峰、周泽南撰稿）

项目三　大学生心理健康教育

一、融入校园文化，全面培育精神健康

大学生心理健康教育是精神文化的一个侧面，是校园文化建设的重要内容。我校"一核三维五元"文化育人模式中的传统文化强调"天人合一、以人为本"和"刚健有为、自强不息"。"天人合一、以人为本"强调人需要关注自然界的生命意义和内在价值，要有仁爱之心和博大胸怀，追求和谐的生存智慧和

人的可持续发展，这是学校心理健康教育的核心价值追求。"刚健有为、自强不息"是在"天人合一"的基础上，强调培养个体刚健自强的主体精神，是心理健康教育的自我实现途径。对此，我校心理健康教育紧扣学校文化建设的顶层设计，坚持"一核三维五元"的文化育人模式，将心理健康教育工作融入学校整体精神文化和制度行为文化的建设，渗透到学校专业人才培养、文化活动开展等人才培育全过程，全面提升学生心理健康素质。具体做法是，在精神层面上，以"思源"为主，启迪学生追寻做人的本源，学会感悟自然、感恩家庭，寻求个体发展的原动力，确定了"育人于本，刚健发展"的心理教育理念；在制度层面上，建立心理咨询室职能、三级心理健康预警机制和严格的心理咨询制度，为学生的心理健康提供支持性环境；在行为层面上，通过心理课堂、学生社团、职业精神培育讲座等形式全面培育学生的心理健康。与此同时，校园丰富多彩的文化活动和积极进取的人文精神为学生心理健康教育提供了良好外在环境。

二、全面普查建档，三级机制层层预警

为了更好地实现"育人于本，刚健发展"的心理教育理念，学校建设了以预防为主的三级心理干预网络。一级网络为大学生心理健康教育中心专、兼职心理教师，建设有心理健康教育宣传专题网页。二级网络为各系分管学生工作的书记、副主任和班导师，设置有专项工作微信群。三级网络为各班级心理委员和学校"心理之约"心理协会，将心理工作全面渗入学生的学习和生活。

三级网络自上而下的干预措施主要依托心理普查工作和心理课堂，这是把握学生的基本心理健康水平的有效措施。因此，学校每年 10 月启动新生心理健康普查工作。首先学校心理咨询中心会安排专业教师对各班心理委员开展一次培训，主要是使学生了解心理普测的意义、流程和心理委员的工作职责。其次，采用 SCL－90、卡特尔 16PF 人格因素量变和大学生心理健康调查 UPI 三个问卷实施心理普查，心理教师全程参与心理普查的现场指导。然后，将普查结果分类处理，对异常数据的学生需调取三个量变结果进行整合分析和处理，形成处理意见。最后，在保密原则下，将需要持续关注的学生名单反馈班导师，各班导师根据心理普查的处理意见，结合学生家庭背景情况，建立本班学生的心理

档案，并有针对性地关注问题。此外，为了提高学校心理教育的质量、保障心理干预的有效运行，我校对心理咨询师队伍进行专业化建设，对外定期轮流参加四川省心理健康教育专委会的培训活动，对内建立心理咨询师的同辈成长小组，定期进行案例解析。

与此同时，早预防、早干预是大学生心理健康工作的基本工作原则。为了更好把握学生心理变化动态信息，快速控制学生心理危机事件，三级网络也建立了自下而上的工作路径，主要依托两个学生组织对学生个体心理变化做出快速反应。各班心理委员发现班级同学异常情况可以报班导师，也可以直报心理咨询中心；心理协会通过走进班级的各种宣传活动吸引和发现有求助意愿的个体，学校心理咨询中心将及时进行干预。

三、推行专题轮讲，打造优质心理课堂

心理课堂是心理健康教育和宣传的重要阵地，对此，学校心理教学团队历经 13 年的积极探索和改革实践，在学校各级领导的大力支持下，现已基本建成了一套教育目标明确、教学项目清晰、教学过程规范的大学生心理健康教育优质课程。本课程是在 2009 年心理普查的基础上，根据大学生心理健康的实际情况和心理发展需要，克服课时少、任务重的现实问题，整合资源，筛选设置了 8 个心理健康教育项目，分别为入学适应与职业规划、情绪与压力释放、恋爱与家庭观、人际关系与沟通交流、人格与自我发展、网络心理与成瘾问题、生命价值的讨论、学习管理，从这八个方面构造了大学生心理健康发展的主线，并开展专题轮讲，以培养学生自尊、自爱、自主、自强的心理品质为主要目标，强调学生在课程中进行积极的自我体验和内在建构，为其适应社会奠定良好的心理基础。

与此同时，我们将学生个体的心理健康教育与其专业未来的职业道德相互结合。以学前专业为例，心理课堂以幼儿教师心理健康的案例为切入点，将其心理健康教育渗入职业道德精神的建立，强调其首先是成为一个有爱有责的人才能成为一个有爱有责的职业人，包括两个层面的建设，一是准幼儿教师们应当具备对自己心理健康调适的能力；二是强调一个健康的教师还需要具备对幼儿心理健康识别与指导能力。

四、支持学生活动，孕育积极进取精神

坚持以学生为主体的教育精神，重视学生之间的相互作用，以校园文化活动为载体创设积极的心理健康元素，并在学生群体内建立积极的动力系统——心理协会。"心灵之约"心理协会于2007年9月成立，是一个公益性学生社团。社团以海报、广播、杂志等多种形式丰富学生的心理文化生活，以QQ、E-mail，心理信箱等形式为学生提供心理帮助，运用心理调查、心理交流、评估等形式帮助大学生认识自我、完善自我，树立正确的价值观、人生观。该社团现已建成的常规社团活动有心理电影赏析、心理健康知识竞赛、心理漫画绘和525健康周活动，不定期开展的社团活动有留守儿童慰问活动、心理剧展演和特殊儿童关爱活动等。学生在自主活动中，帮助了他人，也获得了自己的成长，重新感受社会、重新建构自我。学生社团的活动受到心理教师的专业指导，其活动形式和内容逐渐趋于成熟。

五、整合社会资源，共建共育共振发展

为有效利用社会资源，我校于2013年5月牵头成立了广安市心理学会，其核心成员涉及广安市教育、医疗和司法三个系统，并与广安市人民医院、市友谊中学、市未成年人心理健康辅导中心、市司法局建立了合作关系。学会定期召开会议，帮助内部成员进行专业成长，这对我校心理咨询师和学生心理团队的成长都有较大的帮助。市心理学会参与学院学生心理健康教育工作和525宣传活动，不定期地开展心理健康讲座，并组织学生志愿者为社区心理健康开展留守儿童心理帮扶和老年人心理慰问。

依托学校文化建设的大平台，我校心理健康教育工作以学生为中心，坚持"育人于本"，构建了以预防为主的心理教育体系和大环境。然而随着社会的急速发展，我们也深刻认识到心理健康教育工作任重而道远，作为心灵导师，我们已具"其路漫漫其修远兮，吾将上下而求索"的准备。

图1　心理课堂

图2　专题讲座

图3　学生社团活动

（本项目由朱媛撰稿）

项目四　德馨国学馆建设

2017年，中共中央办公厅、国务院办公厅印发了《关于实施中华优秀传统文化传承发展工程的意见》，提出继承中华传统文化对延续和发展中华文明、促进人类文明进步的重要作用，并指出作为传承传统文化的重要任务，传统文化精髓教育应当"围绕立德树人根本任务，遵循学生认知规律和教学规律，按照一体化、分学段、有序推进的原则，把中华优秀传统文化全方位融入思想道德教育、文化知识教育、艺术体育教育、社会实践教育各环节，贯穿于启蒙教育、基础教育、职业教育、高等教育、继续教育各领域"。

广安职业技术学院德馨国学馆以此为契机，以"立身立诚，惟德惟馨"为办学宗旨，把国学馆作为衔接"一体化、分学段、有序推进"的传统文化教育重要平台，通过全阶段、全方位、全空间的教育办学模式，使传统文化不仅在校园生根开花，并辐射地区，服务社会。

一、全阶段传承传统文化，贯穿国民教育

朱熹在《大学章句》的序言曰："人生八岁……皆入小学，而教之以洒扫、应对、进退之节，礼乐、射御、书数之文。及其十有五年……皆入大学，而教之以穷理、正心、修己、治人之道。"广安职业技术学院德馨国学馆以此为借

鉴，同时根据当代教育的新特点，将传统经典教育的两阶段分为学龄青少年教育与大学生教育，针对每个阶段，开展不同的国学教育：

对于学龄青少年，德馨国学馆开设了常规班级与假期游学活动。

常规班级主要开设《三字经》《千字文》《声律启蒙》《汉字故事》《身边的自然》等蒙学教育，力求以寓教于乐的方式，将传统文化融入学童的日常学习与生活中，强调蒙童初步了解古典文化与礼乐传统，并在身体力行的学习过程中潜移默化地受到熏陶与影响。

假期游学活动则将教学内容扩展到《论语》《孟子》的章句经义、传统礼乐文化的身体力行等文化传承教育，量身设计若干游学与实践活动，让传统经典不再只是书本中抽象的文字与知识，引导青少年在日常生活中思考传统文化的价值与意义，注重在实践中养成青少年积极健康的文化美德与文化自信。

大学阶段国学教育主要针对广安职业技术学院在校大学生，通过开设选修课、组建国学社团、举行国学沙龙等一系列举措，丰富校园文化，拓展校园国学底蕴，增强校园传统文化自觉与自信。

学院开设了系统的《中国传统文化》《经典细读》等选修课程，提供全校学生选修；同时，德馨国学馆编写了《渠江吟诵》（上下册），组织学校一年级学生每日晨读；学院定期举行经典诵读比赛、传统文化知识竞赛。

学院不定期举办国学沙龙，每期选择一部重要经典作品为主题，用系列讲座的形式，带领学生细读经典并辨析义理，致力于挖掘传统文化的现代价值与当代意义，针对不同专业背景的学生，引领学生开展研究性学习，实现传统文化与专业领域的融合与发展。

学院目前已有萌芽书法社、园丁文学社、礼仪爱好者协会等一系列国学社团，校园传统文化工作在社团的组织展开下，呈现出蓬勃生机和强大的影响力。

二、全方位传统文化教育，展现祖国文化博大精深

《周礼》授学以"六艺"：礼、乐、射、御、书、数，德馨国学馆继承古典国子教育，结合现代教育特点，重新诠释了六艺，将传统文化教育与现代教育紧密结合，拓广了传统文化教育的范围与疆界，展现了我国优秀传统文化的博大精深。

（一）礼与乐

孔子曰："立于礼"，礼要求人的言行举止符合社会规范与道德标准，包括道德修养，品行德行、自我管理、应对礼仪等。对礼的学习与演习强化学生道德准则与自律性。德馨国学馆通过入泮仪式、大学生冠礼、传统节日庆典等礼仪活动为载体，不定期举行道德修养讲座、礼仪应对等课程，帮助学生树立正确的人生观、价值观与世界观，培养学生文化自豪感与社会责任感，引导学生重礼尊教，弘扬中华民族传统美德。

"乐"不仅指音乐，也包括诗词歌赋、传统的文学教育与传统艺术，包括舞蹈及戏曲，相当于今天的美育。德馨国学馆在各阶段的教学培训中，贯穿了包括文学、音乐、舞蹈等门类的艺术教育，培养学生良好的艺术鉴赏力及人文素养，从而达到"礼乐教化"的目的，让学生平和自如地调控内心情感，养成温柔敦厚的品行。

（二）射与御

古人以射御技术培养青年人强壮的体魄与过硬的技术能力。

在培养学生体魄方面，德馨国学馆开设传统体育课，教授学生学习中华武术，并将传统的民间体育游戏，比如陀螺、铁环、跳绳、风筝等引入课堂，增加课堂趣味性的同时，培养学生体育技能，养成学生强身健体的本领与习惯，传授学习竞技之道，全面提高学生身体素质和团队合作精神。

在培养学生技术能力方面，德馨国学馆强调培养学生将传统文化经典作品中的礼乐精神与道德观应用在日常学习、工作和生活中，重视培养学生举一反三、知行合一的应用能力。并在教学管理中引入"学中做，做中学"理念，通过辩论、情景模拟、身体力行、社区服务等学习环节，学生自主创建各类社团、策划实施各类活动，培养学生的知识应用和迁移能力，独立思维、协调和创新能力，增强学生自信心及心理素养。

（三）书与数

书与数分别代表着传统文化中人文与科学的两个维度，德馨国学馆将古今中外经典文学与文化融合入教学与推广中，并专门开设《汉字故事》《书画艺术》等课程，增强学生对祖国文字的了解与掌握，提高学生的人文素养与艺术修养。

在传统数学文化的传承与研究上，德馨国学馆拟开设《古代科学与科技》《古代算数知识》等课程，结合学院数学建模实训室的活动开展，使学生了解祖国在科学及科技上的成就，并有效地挖掘传统数学文化中的现代意义和价值，增强学生对祖国文化全面的了解与认识。

三、全空间搭建平台，国学传播无死角

德馨国学馆拓宽传统办学的思路与视野，在常规每周定期的国学班之外，将国学教育拓展到自媒体，建立了"德馨广安"微信公众号，定期向公众推送国学常识，普及优秀传统文化。

作为网络在线媒体的补充，德馨国学馆举办定期的线下沙龙与不定期的国学讲座，让国学传承从校园辐射社区、地方，把中华文明的优秀传统文化内涵融入社区与地方的生产生活，增强民众对国家、民族、文化的认同。

同时，针对学龄青少年的学习时间特点，每年的寒假与暑假，德馨国学馆针对在校中小学生举办研读实践古代传统经典的国学冬令营与夏令营，将传统经典与学童的学习与日常生活沟通融合，使传统经典在现代社会获得崭新的生命力。

此外，每年的重要节日节令，如冬至、元旦、端午、中秋，国家重要公祭日等，德馨国学馆举办大型公祭活动，通过礼仪的庄重严整，内容的博大丰富。形式的多样趣味，彰显传统礼乐文化的时代价值，为大众树立中华礼仪之邦的良好形象，增强民众文化自豪感与自信。

通过搭建全阶段、全方位、全空间的教学推广平台，广安职业技术学院德馨国学馆秉承"立身立诚，惟德惟馨"的精神，把弘扬中华优秀文化传统融入国民教育中，融入立诚立德的人格培养中，融入高校文化辐射社区、服务地方，知行合一的文化实践中，增强师生及地区民众文化自信与文化自豪感。德馨国学馆师生身体力行，致力于传承中华文脉，不断提升地方民众文化素养，增强国家文化软实力，努力为建设有中国特色的社会主义文化提供精神后盾与文化支撑。

附：

德馨国学馆开馆仪式流程

主持人：古哲言：古之学者必有师。人非生而知之者，孰能无惑？惑而不

从师，其为惑也，终不解也。解惑之师，载道载德，令我们的传统文化在代代学子中薪火相传。今天我们在这里举办德馨国学馆第一届国学班学童拜师入泮仪式，就是希望当代大学生和全体成员能够在这里给自己一个承诺，珍惜时间、尊重师长、努力学习。

下面我们开始入学仪式：

1. 正衣冠

司仪高唱：入泮仪式正式开始，第一项——正衣冠！

主持人：古人有云："先正衣冠，后明事理。"这是我国先贤以小见大、立身为本的思想，求学之本，需先正心诚意，再做学问，修德行。

2. 入学堂

司仪高唱：第二项——入学堂。

主持人：玉不琢，不成器。人不学，不知道。孩童以时入学，亲师近贤，在文化与学问耳濡目染的传承中，修心立志，向学精进，修人伦，讲道德。

排班

辟户（礼仪引学童入，就位）

3. 拜先师

司仪高唱：第三项——拜先师。

主持人：孔子是中国历史上著名教育家，在长达近 50 年的教师生涯中，孔子提出了"性相近，习相远""有教无类"的观点，创立儒家学派。他以培养"君子"为教育宗旨，以"六经"为教学内容、广招天下学子，通过因材施教、启发诱导培养了"三千弟子"。终其一生，学而不厌，诲人不倦，成为万世师表。

主持人介绍时，学童及师长皆静立，可作插手礼（袖手，男左女右，平伸手指，自然下垂，交错于腹前）。

主持人（揖礼介绍）：从两千多年前的西周开始，揖礼就开始使用了。在向长辈行礼时，双手外展内合，平伸指交叠，男子左手在外，女子右手在外，两掌心向内，双臂在胸前定位，举手外推至额前，同时辅以磬折，前伸如抱一环，这就是"上揖礼"。古人通过程式化的礼仪，以自谦的方式表达对他人的敬意。

揖（馆长、先生带领众学童拜）

起

反复三次

4. 诵馆训

司仪高唱：第四项——诵馆训。

主持人：国有其法，家有其规，校亦有训。馆训是学童与师友求学修身的目标与准则，广安职业技术学院德馨国学馆的馆训，取义于《礼记》与《左传》，求学之始，需要正心诚意，格物修身；求学之效，在于明明德，在于亲民。下面，请国学馆全体师长与学童，齐声诵读德馨国学馆馆训。

5. 沃（wò）盥（guàn）

司仪高唱：第五项——沃盥（学童们将手放到水盆里，正反各洗一次，然后擦干。）

主持人：洗手的寓意，在于净手净心，去杂存精，希望能在日后的学习中心无旁骛。

6. 朱砂开智

司仪高唱：第六项——朱砂开智。

主持人：朱砂点痣，取的是古语中"智"的意思，意为开启智慧，目明心亮，也希望学童们日后的学习能一点就通。

7. 授书册

司仪高唱：第七项——授书册。

主持人：《尚书》云："惟殷先人，有典有册"，书籍是传承知识的载体，我们授予学童书册，希望学童能够开卷有益，从典籍中继承先贤往圣的智慧与传统。

8. 启蒙描红

司仪高唱：第八项——启蒙描红。

主持人："正心诚意，格物致知""修身齐家治国平天下"的人生理想，首先建立在心要正、意要诚的基础上，请每位学童，用手中的笔，和心中的笔，认真地描摹书册里的"正"字。

9. 合影留念

司仪高唱：第九项——合影留念。

主持人：请写好"正"字的小朋友，带着你们手中的"正"，和心中的"诚"，在先师孔子像前，合影留念。这是我们立志于学的仪式。这不仅仅是一种仪式，更是一种承诺，对老师的承诺，对自己的承诺，从此以后要努力学习老师授予的知识和做人的道理，谦虚谨慎、砥砺勤学，精进不已。

主持人：有朋自远方来，不亦乐乎。下面请全体学员致敬来宾。

司仪：揖，起。

（本项目由陈春燕、雷霖、邢蓉撰稿）

项目五　小平故里大学生志愿行动

广土安辑中国梦　志愿服务谱华章

地阔为广，和谐即安，广土安辑，是为广安。在广安这片孕育了世纪伟人邓小平的红色热土上，活跃着这样一群年轻人，他们传承中华民族助人为乐、博爱互助的传统美德，发扬"奉献、友爱、互助、进步"的志愿精神，用灿烂青春照亮这座城市的每一个角落，他们有一个共同的名字——广安职业技术学院志愿者。近三年来，广安职业技术学院坚持"学习雷锋，奉献他人，提升自己"的志愿服务理念，累计开展138次志愿公益活动，近15000名师生踊跃参与，志愿服务领域不断拓展，志愿服务成绩卓越显著，为谱写中国梦广安篇章贡献了宝贵力量。

服务重大节庆赛事　打造大美广安名片

2016年10月16日，首届广安国际红色马拉松赛正式开赛。作为广安市建市以来规模最大、级别最高、专业性最强的体育比赛，同时也是国内首个红色主题的专业马拉松赛事，"广安红马"备受关注，志愿服务至关重要。作为广安本土唯一一所高校，广安职业技术学院责无旁贷地承担起此次比赛所有的志愿服务工作。3个年级、8个教学系部的1088名师生提前一个月就着手了解赛事流程、比赛规则、志愿服务要点……只为在比赛当天提供最完善、最全面、最专业、最贴心的服务，让每一位参赛选手感受宾至如归的温暖，让每一位到访嘉宾感受广安人民的热情善良。比赛当天，1088 名赛道服务志愿者、2400 名迷你跑团志愿者、60 名医卫志愿者、4000 名赛事观摩团志愿者共计 7548 名志愿者在凌晨 4 点就全部集结到位，奔赴各个服务站点。直到下午 4 点，整整 9 个小时，志愿者们的身影始终活跃在比赛的各个场地，恪尽职守、认真履职、热情服务，圆满地完成了赛事志愿服务任务，受到了大赛组委会和参赛选手的高度评价。

像"广安红马"这样的志愿服务活动，广职院的志愿者们还参与了许多许多。中国（广安）川渝合作示范区暨川东北经济区投资贸易大会上，处处都有他们忙碌的身影；四川华蓥山旅游文化节系列活动中，总能捕捉到他们热情的笑脸；全国第九届残运会暨第六届特奥会圣火采集仪式中，时刻都有他们严谨细致的值守……如果说，这一项项重大节庆赛事铸就了"大美广安"的靓丽名片，那么广职院志愿者们用他们的汗水和青春始终抒写着最绚丽的那抹颜色。

创建全国文明城市　传递精神文明力量

2015 年 2 月 28 日，广安市被中央文明委评选为第四届全国文明城市，在全国 22 个参评地级市中名列第 3 名，在西部参评城市中名列第 1 名。优异的成绩背后，凝聚着无数人的辛勤付出，也饱含着广职院志愿者们对精神文明建设的一份深情。自 2013 年广安市决定参评第四届全国文明城市以来，1500 余名广职院志愿者按照市委统一部署，立即投入文明城市创建第一线。在校园中，他们制作宣传标语、口号，精心布置文明城市宣传专栏，积极举办"宿舍风采大赛""文明礼仪文艺汇演"等公益活动，将精神文明的春风吹进每一位青年学子的心中。走出校园，他们组建暑期"大学生学雷锋志愿者服务队"，穿上红马甲，戴上小红帽，拿起小红旗，迎酷暑，战高温，发放文明宣传资料，开展文明劝导，纠正交通违法行为。尽管有志愿者中暑晕倒，有家长担心牵挂，有极少数市民的不理解不配合，但他们始终坚守岗位，不放弃，不抛弃，用真诚和热情服务每一位群众，用汗水和智慧刷出城市文明的新面貌。

目前，虽然全国文明城市创建已告一段落，但广职院志愿者们并没有停下脚步。在"学习雷锋纪念日""国际志愿者日"，在广安的大街小巷，依然可以看见他们忙碌的身影，送医、帮教、助残、敬老，他们总是给最需要帮助的群众送上一份温暖，传递着精神文明建设的正能量。

倾情关爱特殊群体　同心共建和谐社会

在距广安职业技术学院 1.7 公里的地方，坐落着广安市特殊教育学校，学校里的学生都是"三类"（视力、智力、听力）残疾儿童和少年。比起普通孩子，他们的学习和生活更加艰辛，也需要得到更多的关爱。在广安职业技术学院开展的"牵手特校"系列活动中，大学生志愿者们走近这群孩子，为他们的成长助力加油。看到孩子们缺少生活学习用品，志愿者们组织了多次爱心捐赠活动，广泛动员身边的同学和朋友捐款捐物。看到孩子们在节庆假日缺少文艺活动，志愿者们积极筹备文艺节目，在"六一"儿童节和元旦节送上一台台精彩的演出活动。看到有个别孩子因为家庭困难和自身生理缺陷而郁郁寡欢，志愿者们特意为他们制订"一对一"辅导方案，及时开展心理疏导，帮助他们重拾笑容。短短三年时间，广职院志愿者们在广安市特殊教育学校开展了 54 次志愿活动，近 1600 名师生参与其中，为这群特殊的孩子们撑起一片明净天空。

除了特殊教育学校，广职院志愿者们还利用节假日时间，走进社区，走访农村，开展"益暖夕阳""温暖陪伴"等公益活动，为留守老人、留守儿童带去一份份特别关爱。赠人玫瑰，手有余香，通过帮助这些特殊群体，大学生志愿者们也得到了更快成长，更加深刻地理解了团结互助的伟大力量，也加倍珍惜当前和谐美好的幸福生活。

巍巍华蓥山，滔滔渠江水，无时无刻不在诉说着广安这座城市关于"广土安辑"的美好梦想。志愿服务是一盏明灯，照亮着通往这梦想的道路。我们有理由相信，在未来的日子里，广安职业技术学院志愿者们将始终以饱满的热情迎接每一次任务，以务实的作风交上更多令人满意的答卷，为实现中国梦的广安篇章做出新的更大贡献。

（本节由李聪、胡严曦撰稿）

项目六 曹于亚爱心工作室建设

道德模范是社会道德建设的重要旗帜，要形成崇德向善、见贤思齐的氛围，必须通过弘扬真善美，传播正能量，方能积善成德，明德唯馨。

曹于亚是首届全国道德模范，她捐肾救父、孝亲敬老的故事，传遍大江南北，形成了强大的道德力量。同时，曹于亚是学院的辅导员，在教书育人中，她的示范和引领，潜移默化地影响着广大学生，发挥着榜样的无穷力量。

一、编制《孝义歌》

百善行，孝为先，重孝义，德始坚。

仁之实，事亲是，事其亲，孝之至。

亲养育，羊跪乳，行至孝，鸦反哺。

儿远行，恐迟归，寸草心，报春晖。

大中华，讲人伦，重亲情，民风淳。

寻祖根，生命源，因慎终，而追远。

慈孝心，人有之，老吾老，人之老。

母之情，似海深，父之恩，比天高。

昔黄香，尽孝义，小儿郎，自温席。

心善良，有董永，感仙女，动苍穹。

好少年，杨怀保①，知恩亲，勇回报。

广职院，曹于亚，报父爱，传天下。

养育恩，记心间，致孝情，薄云天。

孝行榜，美名扬，孝风盛，行无疆。

---

① 杨怀保，首届全国道德模范，多次来广安职院作专题报告。

家国情，行大道，人需尽，忠与孝。
家与国，尽己责，始事亲，更事国。
昔木兰，替父行，勇担当，服军营。
有班昭，续汉书，承父志，奋笔书。
霍去病，有气魄，何为家，夷未灭。
汉苏武，赴匈奴，十九载，志不衰。
狄仁杰，望云霞，思至亲，孝天下。
陆放翁，捍国疆，图复兴，示儿郎。
文天祥，留丹心，尚气节，照汗青。
林则徐，有大义，利国家，生死以。
众先贤，品自高，大情怀，当旌表。
诸后生，记心间，勇践行，而致远。

孝传承，爱传递，父母恩，长相忆。
家国梦，岁月情，涌泉报，赤子心。
曹于亚，领头雁，作表率，行为先。
众学子，弘美德，雁阵行，海天阔。

二、开展感恩之旅

榜样的力量是无穷的，运用雁阵原理，充分发挥曹于亚的榜样效应，传播孝文化，发出感恩倡议书。

（一）开展感恩活动

全国道德模范曹于亚回母校讲座

曹于亚爱心工作室感恩之旅文艺演出

（二）发出感恩倡议书

感恩倡议书

各位领导、老师、亲爱的同学们：

今天我们在这里发出感恩倡议，以实际行动来表达自己感恩的心意：

1. 感恩祖国：感恩我们伟大的祖国，是她给了我们/健康的成长空间，不管力量大小，不管能力多少，点燃我们的是那颗/诚挚的中国心。

2. 感恩学校：感谢学校为我们创造了/良好的学习环境。让我们为学校/做一点小事吧！爱护公物，爱护环境，使我们的校园/变得更加美丽。

3. 感恩父母：感谢父母对我们/无微不至的关怀，我们要体谅父母的艰辛，尊重父母的劳动，培养勤俭节约的好习惯。

4. 感恩老师：在人生的道路上/老师给了我们莫大的帮助，感谢老师/孜孜不倦的教诲，以优异的成绩/回报老师的谆谆教导。

5. 感恩同学：感谢曾经帮助过我们的同学，用自己力所能及的方式/帮助其他需要帮助的同学。

倡议人：曹于亚

曹于亚发出《感恩倡议书》

三、开展课题研究

学院立项并结题省级课题：《榜样效应在"孝文化"传播与实践中的作用研究——基于曹于亚工作室的德育养成实践》，形成了以下主要研究成果。

1. 青少年的道德形成是一个观察学习的过程

人的道德行为是怎样产生的？根据社会学习理论观点，这是个体对榜样行为进行一种内含认知的模仿学习过程，是一个连续的心理活动过程，它包括四个下位过程，即注意过程、保持过程、运动再现过程和动机作用过程。因此，如果要有效实现青少年的德育养成，必须遵循个体认知的基本规律，在观察学习的各个环节挖掘榜样教育的主要要素，促使学习者能通过替代反应和强化获得道德行为。

（1）挖掘道德榜样的注意特征

观察学习的注意过程决定着学习的方向及信息量的筛选和吸收，其中榜样的性质极大地影响着注意过程，而榜样的性质包括榜样的复杂性、可辨别性、个人特征等。对此，本研究基于青少年德育养成的角度，从榜样性质的角度分析全国道德模范曹于亚作为示范榜样所需建立的特征。首先，其"捐肾救父"的道德行为从复杂性的角度来说，其示范的行为是较为单一的道德情境，难度较低、可学性较大；其次，从榜样行为的可辨性角度分析，其孝行经历了较为复杂的心理冲突、需要挖掘这种榜样行为背后较为核心的、本质的道德概念突显出来，使注意对象掌握的不是简单的"捐肾救父"行为而是这种道德行为背后克服困难的"感恩"和"坚强"之心，这一部分是个体较难观察学习到的部分，也是影响行为泛化的关键；此外，曹于亚作为高校辅导员，其年龄和求学背景与学生较为接近、具有一定的权威性和较强的可信性，对学生的影响是比较直接的。但从榜样行为的示范面来说，这种示范行为视野较狭窄，需要丰富榜样行为的类型，曹于亚孝行仅是道德养成教育的一个突破口。

（2）巩固榜样学习的保持过程

社会学习理论认为，观察者对注意过程榜样示范的模式以表象化的形态进行储存，但对于复杂活动的观察学习，如果要长时间地保持在头脑中，理论上必须依赖语词系统。因此，在榜样宣传和教育的过程中，应多注意使用新的传播媒介，多建立一些有影响力的画面形象，并建立与之匹配的关键词。如在曹于亚工作室，以宣传栏的形式提供一些直观的图片或电子影像便于学生对其行为过程有表象化的认识；然后再以征文、讲模仿等活动，让学生以自己的话复述、传播榜样事迹，实现对榜样行为的语词储存；也可以开展各种形式的道德评价活动，将道德行为泛化并较长时间地保存下来。榜样行为的保存过程是一个从形象到语词的交替过程。

（3）创设道德行为再现的环境条件

道德行为再现是将已储存的榜样行为转化为行为动作。通过挖掘孝行的各种情境，建立家校合作，鼓励实践孝行；进而扩展为道德行为的各种情境，促使类似榜样行为的不断发生和强化。同时，较多人将对榜样的学习停留于榜样成功的关键事情，如很多人认为学习曹于亚就是学习其孝行及勇敢的心，然而事实上，榜样后期发展的心路历程也是强化的部分，强调示范者在榜样行为后的不断成长，就是在挖掘各种行为结果的强化，将成功的经验显现出来。

（4）建设道德形成过程中的自我效能感

通过长期的反复操作的道德行为实践，使道德行为自动化并逐渐内化、沉积为个人的心理—生理结构，将道德观念在身体力行的活动中逐渐内化为个体内在的心理品质，成为一个稳定的需要源泉。因此，建立学生的道德文化素养尤为重要，提升道德品格、寻回道德品格、生成道德智慧，将道德意识转化为积极自觉的、直觉意识的道德实践与创造活动。

2. 扩大榜样效应，形成道德养成的心理场

班杜拉的三元交互决定论强调行为、认知和环境三者在社会学习过程中的交互作用，三者之间彼此相互联结、相互决定、相互作用。尽管行为、认知和环境三者都有可能成为三个交互决定因素中的主要成分，但在大多数情况下，这三者是互为因果、密切相联的。因此，创设榜样学习的环境，促进道德行为、道德认知在心理场中交互作用。

（1）以曹于亚为中心，建立榜样群

苏联教育家马卡连柯认为，"我们不应该教育个别的人，而要教育整个集体，这是正确教育的唯一途径。"[①] 虽然从现实条件可以看出曹于亚具有道德榜样学习的典型特征，但其示范的行为仅是孝行的一个方面，对学生道德形成的影响并不是全面的，应该以她及其孝行作为切入点，从校园文化建设的角度，全面建设青少年道德形成的心理场。如：借曹于亚工作室在学生身边发掘各种类型的学生道德榜样新血液，形成雁阵方队、发挥雁阵精神，建立长期的持续的榜样影响。不同的榜样示范具有不同的功能价值，在择取榜样时，其特征要

---

① 吴式颖：《马卡连柯教育文集·上卷》，人民教育出版社 2005 年版。

鲜明而突出，要具有与众不同的特点并符合一定的道德规范，值得观察者去借鉴模仿；榜样的特征要具有可比性，不要使学习者有"低不可就"或"高不可攀"之感。这就要求我们在进行榜样教育时，要事先告诉观察者仿效榜样行为的好处，从而在期待中促进学习。不同观察者的认知水平不同，个性特征不同也影响着榜样教育的效果，这就要求榜样教育要针对不同的对象选择不同的榜样，采取不同的教育方法。

（2）明确榜样教育对象的主体地位，改进教育方式方法

榜样教育的现实性在于我们不仅要赞扬成功者，也要赞扬平凡者，因为我们教育的首要目的还是培养现代的公民，只有这样才能回复到教育本身的功能与价值，体现出教育对每一位青少年的成长关怀。榜样学习中的主体不是榜样而是观察者本身，然而我们传统的教育中比较强调榜样自身的引导性，缺乏对教育对象自身心理需要的分析，因此教育形式比较单一，多以灌输、说教式，缺乏榜样与对象的互动与交流，往往会给观察者造成遥不可及或者逆反心理。因此，创设不同的榜样对象和不同传诵的榜样故事、以不同形式呈现出来，更有利于道德学习产生润物细无声的效果。同时，曹于亚工作室可以建立道德小讲堂，以微课、微信、寝室文刊等形式，及时讲述时事新闻模范人物；引用真实道德人物的朴素话语或者多使用激励性语言，在学生群体中形成一种语言文化；也可以开展多种形式的社会志愿服务，让青少年在活动中学会承担社会责任进而实现所定目标，增进自我意识和直接感受自身行为对周围产生的影响；还可以分析符合职业院校特征的道德文化元素，实现对道德模范学习类隐性课程的开发。

3. 校园文化中榜样效应的实践探索

（1）发挥榜样的月晕效应

道德模范人物不仅反映一个地区的道德价值取向，具有标杆和示范作用，也是一个鲜活的道德载体，具有引领和传播作用。19岁的曹于亚面对困境时毅然选择捐肾救父并携父上学，她这种感恩孝敬、坚毅抉择的行为感动了全中国，被评选为2007年全国孝老爱亲道德模范。其道德行为背后不仅有对道德的基本认识，更有强大的道德自觉做支持。这种道德自觉来自于她对亲子伦理关系的深切认同和强烈使命感，来源于父母和学校教化过程中产生的自觉担当；其良好的道德品质引发了社会对道德的共鸣，社会各界纷纷采用不同的方式前来支

持她，进一步强化了其道德行为动机，形成了个体的道德自信。在进一步的求学路上，她怀抱这种感恩情怀用行动去影响更多的人践行孝行，这种感召、鼓舞他人的行为逐渐凝聚成一种强大的力量，不仅使她个人成为一种价值导向的航标，也成为更多人的行为动力源。把曹于亚引入到高校学生管理体制中，以曹于亚工作室为中心理论结合实际，逐渐扩大道德榜样学习的范畴和效应，建立了高校德育养成的系统工程。

（2）发挥榜样的羊群效应

在长期的教育实践中，研究者发现单个榜样难以满足众多学习者的多样性需求。青少年学生这一群体本身就蕴藏着大量有感染力的榜样事迹，但是如果不加以挖掘和组织的话，那么就如同星辰闪烁难聚光芒、转瞬即逝。因此，首先，学院以曹于亚为"头羊"，建设了两支"羊群"队伍。一个是以曹于亚所带班级为特色班级，以传统班级模式打造班级德育文化和开展德育品牌活动，通过定期开展感恩演出、志愿服务等活动，形成促进学生能力发展的榜样群体；另一个是以道德榜样学生为主体的德育教育团队，来源于校园内各个班级的真实道德个体，充分利用学生间的同质性，激发学生想学、能学的道德认同感。通过对两个群体的建设，扩大了榜样队伍，使道德和文化的影响弥散到更大的范围。

（3）发挥榜样的雁阵效应

在发挥团队作用方面，管理学家提出了雁阵原理，以此作为团队长远发展的动力机制。因此，在团队能力建设中，我们充分考虑如何通过雁阵效应来提高团队协作力和行动力。首先，考虑到学生的流动性和特点，德育教育团队是以仁、义、礼、智、信、孝、俭七个元素组建一个班级，每个元素有分别来自三个不同年级的学生为一个小组，七个小组轮流做领头雁，其他小组做好配合工作；小组内也形成"人字形"结构，轮流做主开展活动。其次，挖掘大学生日常生活的真实情境和事件，每月一个主题，由当月领头小组组织活动，其他小组支持，做好德育宣讲活动、"修家书"活动和爱国主义讲座。

（4）发挥榜样的传导效应

德育教育并非是一早一夕之事，也非独立的教育行为，它孕育在社会之中，与德育文化交融在一起。因此，实施学校整体的德育工程，不能停留在单个品德教育课堂或者一定的团体范围中，要重视道德榜样效应的逐级推进与持续性，逐步建立起具有发展性的德育文化。对此，借鉴经济学中传导机制的概念，制定一个学校德育发展的近期目标、远期目标和最终目标，利用各种德育教育工具和管理制度以实现德育目标的过程，从传导途径、传导内容、传导效果三个方面，建立起校园德育文化的整体运行机制。

利用人际交往的滚雪球现象，扩大传导的增力效果。即教育者注重发现德育个体之间相互作用、彼此影响从而产生增力的现象。具体表现有下列三种方式，一是在德育传导的过程中，学生在接受传统文化、德育思想影响的同时产生自己独特的看法，并有新的表达形式。德育团队要关注、筛选、收集这类有意义的信息，并加以整理和运用。二是保持两支榜样队伍与其他团队互动的频率，在互动中更多采用情感唤起、支持赞赏的方式而不是管理、指导和批判的方式，以激发青年学生向善、向好和向美的内在驱力。三是关注师生的非正式组织，例如学生社团、兴趣小组等，将德育活动渗透到这些组织的零散活动中。总之，以两个团队为两条主线，寻求校园内各种力量形成合力，传导德育精神、目标、行为和文化。

4. 小结

道德形成是一个过程，是榜样学习的系列过程，高校应该为学生的道德榜样教育提供一个支持性的环境框架，这需要关注学习的过程性、与道德环境的交互作用，以及个体道德认知的内在建构过程。

与此同时，榜样效应的产生主要是在群体中发挥作用。榜样教育应借助于群体的压力，充分发挥群体的教育作用，通过校园文化的整体建设，充分推动校园孝文化的德育养成教育。

（本项目由朱媛、赵军、甘华银撰稿）

项目七　广安茂林文化艺术中心建设

广安茂林文化艺术中心（以下简称中心）是由广安职业技术学院设立的专业文化艺术机构，中心在学院和社会各界的大力支持下，立足学院，服务地方，积极开展文化交流、文艺创作、教学培训、展览陈列以及文化产品创意与研发等，将重点打造邓小平生平主题油画馆、德馨国学馆和思源文创中心三个品牌，力争建设成为广安及川东地区的文化名片和对外文化艺术交流的重要窗口。

广安是改革开放的总设计师邓小平同志的家乡，小平同志对发展教育和培养人才十分重视，广安茂林文化艺术中心的设立，对于促进文化传承、发展地方文化事业、弘扬小平精神有着重要意义。中心首期阵地建设位于广安职业技术学院思源楼 11 层，面积 700 余平方米，设有多功能展厅、会议室、油画工作室、书画篆刻工作室、版画工作室、专家工作室、设计工作室多个功能区间，硬件建设投入 100 余万元。2016 年，学院邀请了以广安籍著名油画家林茂领衔的特聘教授专家入驻中心，并引进数名艺术领域高层次人才进入中心工作，不断充实和完善队伍建设。

2016 年 4 月初，中心开始筹划邓小平生平主题油画馆建设项目，2017 年 5 月 31 日，由中央美术学院、中共广安市委宣传部、广安职业技术学院联合主办的"邓小平生平主题油画邀请展"在广安正式签约，将邀请以中央美术学院人物肖像画创研中心为主的全国油画名家，重温历史、缅怀伟人，以肖像油画的艺术形式，创作包括小平同志童年、青年、中年及老年各个时期的肖像，还原小平同志革命生涯各重大历史场景，完整展现了小平同志平凡而伟大的一生。展出结束后，所有作品由中心收藏并建设邓小平生平主题油画馆，并定期组织馆藏作品前往海内外进行巡回展出。

2017 年 6 月，中心重点打造的广安职业技术学院德馨国学馆正式开馆，并举行了隆重的开馆仪式暨文艺演出活动。

国学馆以"立身立诚，惟德惟馨"为馆训，旨在传播中华文化的核心思想理念、传统美德、人文精神，研习中国优秀传统文化技艺，增强师生的文化自觉和文化自信。同时形成中心文化与艺术双维并举、整体推进的格局。"德馨"一词名出刘禹锡《陋室铭》之"惟吾德馨"，意即品德高尚。刘禹锡是唐朝著名诗人，因善写起源于古代四川东部的优美民间文学形式"竹枝词"而闻名。用"德馨"命名国学馆，意将学院所处地域与川东文化渊源相连。

此外，中心还秉持艺术走进生活、文化服务社会的宗旨，感恩奉献，服务社会，努力为校园文化建设和地方文化建设服务。中心成立以来策划并组织实施了"艺术家进校园"系列活动，邀文化艺术名家到校开展学术讲座和交流活动；在文创服务地方方面，中心应邀设计了"小平故里·感恩之旅"系列旅游文化产品，为协兴园区设计了党群服务活动中心建设方案，为广安市多所中小学设计了校园文化建设方案，以及为广安区设计《义务教育均衡发展工作纪实》画册；协助武胜县万隆镇飞来石村打造乡村文化带等。

　　如今，中心在地方文化艺术界影响日益增加，吸引了众多文艺人士慕名前来参观交流，已逐渐成为广安文化艺术交流和传播的一个重要阵地。未来，中心将继续发挥自身优势，为地方文化事业发展做出更多贡献，努力建设成为川东文化高地。

（本项目由邢蓉、王雪松撰稿）

项目八　竹丝画帘非遗传承

一、关于竹丝画帘

　　竹帘在中国已经有一百余年的历史，采用慈竹抽丝用蚕丝编织而成，质地柔软，如锻似绸，精美异常。它集中国手工纺织和传统绘画技艺于一体，被国内外誉为"精工画帘"。武胜竹丝画帘运用手工工艺将竹子拉成细如头发的竹丝，再用蚕丝做经线织成竹帘，细密光泽如绢绸，在上面或绣或画，或绣画结合，描绘人物、花鸟、走兽、山水等题材。它融工艺与绘画于一体，以弘扬民族艺术为主题，由于它工艺精细、格调典雅，具有浓郁的地方特色和民族风味，所以具有很强的观赏性。随着竹丝画帘的技术、艺术水平的不断提高，产品的种类也日益多样化，有竹丝画帘、竹丝绣画帘等。作为外事礼品和馈赠亲朋好友的纪念品，深受国内民众和国际友人的喜爱，产品行销国内外。

二、竹丝绣画帘非物质文化遗产传承

（一）树立产业化发展理念

非物质文化的传承，之所以在很长一段时期内遇到了多方面的问题，如资金瓶颈、人才匮乏等，一个重要的原因就在于产业化理念的缺失。非物质文化的传承与发展必须转变把政府当作救命稻草的观念，放弃传统的"等、靠、要"的生存法则，接受市场的考验，走产业化发展道路。政府作为主管部门，首先要不断地向民俗文化事业"输血"，保证其存在和发展。然而仅靠输血是远远不够的，更需要非物质文化自身能够"造血"，走自给自足的路子，才能获得真正的生命力。所以让以传承人为核心的非物质文化走向市场，在市场中谋取新的发展，才是一条"治本"的道路。这一点已经得到了全国各地的共识，也有很多文化项目在产业化的过程中重获新生，获得了丰厚的经济和社会效益。

"竹丝画帘"非遗展示厅

广安市武胜县竹丝画帘也坚定地走产业化发展的道路。2016年2月成立了武胜县祖金竹丝画帘有限公司。已建成的有牌楼、展馆、画室、绣室、文化长廊、办公室、工艺车间、库房、员工住宿等，面积共1200平方米，分别位于武胜县飞龙镇卢山村和广安市奎阁经开区三桥村。首先，武胜竹丝画帘通过展览展示、文化推广等活动，培育大量的市场主体，建立起民俗文化产业市场体系。

其次是整合资源，优化结构，通过非物质文化和其他文化资源的融合，产生协同效益，提高企业的整体效益。再次是推出精品，通过伟人题材竹丝画帘的推广，带动周边产品、资源、工艺等各方面的需求，使产业链得到延伸。率先尝试面向市场，走产业化发展的道路。

（二）将传统技艺与多种文化相融合

在多元化文化发展的当代，人们的审美视野较之以往有了根本性的扩展，在这种情况下，如果想引发人们对某一种非物质文化的关注，就需要这种非物质文化本身有着较强的吸引力。而将非物质文化资源和其他文化相融合，则能够发挥出一种集群效益，从而吸引更多人的目光。

广安市武胜县竹丝画帘在多元文化发展的今天，也不断地汲取周边文化的养分。在表现形式上，将竹帘与传统刺绣文化相结合，形成竹丝绣帘；将绘画与刺绣相结合，形成竹丝绣画帘等新的竹帘绣画产品。在功能上，将竹帘画进一度开发出了竹帘画扇面、竹帘画屏风、竹帘画卷轴、竹帘画摆件等。在题材上，包括出了伟人系列、仕女系列、山水画系列、花鸟系列等。同时积极参与地方的文化推广活动。近年来武胜竹丝画帘在岳池的农家文化节、武胜龙舟文化节，以及成渝两地的相关文化推广均有亮相。精湛的工艺和精美的包装逐渐受到大众的喜爱。在政府有意识的宣传和推广下，与当地的其他文化产品整合营销，充分发挥出了各种民俗资源的联动效应，从而更好地推动了竹帘画品牌的发展。

（三）打造竹丝画帘精品品牌

竹丝画帘作为民俗文化在自身的发展过程中，既有从属于中华民族文化的共性，同时又有着和本地文化密切相关的个性。而这种个性因素，正是将其推向全国、乃至全世界的关键所在。而怎样才能彰显这种个性色彩呢？一个重要的渠道就是品牌的打造。

武胜飞龙竹丝画帘作为带有浓郁地方特色的民俗文化项目充分发挥了品牌的效应，为广安民俗文化的发展做出了大胆的尝试。而在下一步的工作中，品牌建设工作还应该得到加强和完善。由专人组成品牌建设小组，从梳理、整合到推广，每一个环节都有专人负责，并层层推进，直至品牌的初步形成。其次是加大品牌的宣传力度。可以利用电视、广播、网络等媒体工具，对民俗品牌进行立体化宣传，让全国观众都知道邓小平故里四川广安还有着精美的竹丝画帘，继而形成想要亲眼目睹的冲动。再次是着重对传承人的宣传。非物质文化遗产和核心在于传承人的培养，所以应该结合品牌建设的实际，树立起以传承人为核心的人物形象，使之成为民俗项目的代言人。比如看到了阿宝，也就想起了陕北民歌。四川

"竹丝画帘"作品获全国金奖

广安的民俗项目，也应该多推出几个代言人。所以说，应该将品牌意识贯穿于非物质文化发展的始终，通过品牌的打造，彰显出本地民俗的特色所在。

（四）建立人才培养机制

任何一项事业的发展，都需要以人才为最根本的保障。民俗文化的传承和发展也不例外。特别是对于一些面临严重传承危机的项目来说，更是要加大人才的培养力度。而在诸多培养方式中，将地方高校作为重要的人才培养基地，并与之形成良好的互动，就成为了一个重要的培养渠道。首先，从高校对地方民俗事业的支持

"竹丝画帘"非遗传承人陈美飈

来看。第一是高校能够为民俗发展提供最为直接的人才支持。如高校的音乐、

美术、设计、旅游等专业，都是最佳的人才选择。第二是高校能够为地方民俗事业的发展提供理论支持。一个地区的民俗事业应该沿着怎样的方向发展，应该突出哪些特色以及应该规避哪些问题等，都需要以一定的科学理论为基础，而高校则是这种理论研究的主阵地。近年来的很多教师，都在科研工作中选择了和民俗相关的课题为研究方向，就充分说明了这一点。其次，从民俗发展对高校的影响来看。一是民俗事业的充分发展，能够给高校学生带来更多的就业机会，解决学生就业难的问题。二是能够成为学生的校外实践基地，为真正实现产、学、研结合打下物质基础。武胜竹丝画帘的传承人之一陈美虪就是毕业于广安职业技术学院的学生。她对竹帘画技艺的学习和传承为她的师弟师妹们树立了很好的榜样。竹丝画帘在其生产基地的建设中，引进本地高校的毕业生，这样既解决了高校毕业生的就业，为民俗文化的传承和发展提供了人才保障，同时还能进一步提升民俗文化发展和创新的软实力。因此，在地方民俗文化产业的保护、传承和发展中，理应将高校视为重要的人才培养基地，并与其形成良好的互动，获得多方的共赢。

武胜竹丝画帘是映射着中国川东地区独特生活智慧和别致生活方式的艺术形式，受到地方政府的大力支持。在纪念邓小平110周年诞辰、市级文化表演活动、专场演出时它都频频露面，屡现奇彩，而且它的雅致、圆润、讲究即兴却又兼具平衡的风格特征也博得了社会各界的一致欣赏和赞誉。

（本项目由王娟撰稿）

第三节　建章立制　规范保障

没有规矩，不成方圆。规章制度是促进学院发展、实现育人目标的根本保障，是学院师生共同遵循的办事规程或行为准则。为深入落实文化建设与专业建设"双核共振"——为学生可持续职业发展奠基的文化育人理念，建章立制，对促进"一核三维五元"文化育人模式的规范运行，全面提升人才培养质量具有十分重要的作用。

一、校园文化建设标准

广安职业技术学院文化育人工程建设标准（修订）

一级指标	二级指标	三级指标	指标类型	责任部门
组织建设	机构建设	1. 学院文化育人工程由学校党委直接领导，各分管院领导具体负责，成立文化育人工程建设委员会，负责学院文化育人体系的规划，统一管理学院文化育人工作。	A	学院党委 学院行政
		2. 各部门负责人为本部门文化建设第一责任人，负责本部门文化建设工作及学院交办的其他文化育人任务。	B	职能部门
		3. 各系主任为本系文化育人工程第一责任人，负责抓好人才培养质量提升的中心工作，完成学院交办的文化育人任务。	B	各系
	工作机制	1. 学院党委要总结具有现代职教思想、职业特色、学校特色、可传承发展的校训、校风、教风、学风等核心文化，确立文化育人理念，构建文化育人模式。	A	学院党委 学院行政
		2. 学院文化育人工程建设委员会要积极培育和开发文化育人项目。	A	
		3. 学院文化育人工程建设委员会每期至少召开一次专题会议，研究文化育人工作，安排文化育人任务。	C	职能部门
		4. 学院党政主要负责人每期至少讲授1次文化育人理论讲座。	C	
		5. 学院党政各职能部门各负其责，相互配合，落实文化育人在宣传、载体、科研、服务、经费等方面的政策执行与措施保障。	B	
		6. 成立学院文化育人工程建设督查小组，对文化育人的运行保障和落实情况进行专项督查。	C	监审处 督导室
	专项经费	建立专项经费预算制度，确保文化育人工程有序推进。	A	计财处

一级指标	二级指标	三级指标	指标类型	责任部门
载体建设	校园环境	1. 建设职教特色鲜明的园林式高职院校，科学规划学院文化景点布局，景观建设要自觉融入学院核心文化和地方特色文化元素。	A	资产基建处
		2. 制定学院 VI 识别手册，规范应用 VI 元素，加强宣传语、宣传栏、路牌等的内容审定管理，道路、楼宇等命名要体现学院特色。	B	宣传统战部
		3. 加强校园绿化美化，环境干净整洁，道路交通畅通，车辆停放整齐。	C	后产集团保卫处
		4. 加强教室文化建设与管理，学习氛围浓厚；加强办公室文化建设，规范整洁，简约美观；建好校史陈列馆，定期开放。	C	教务处党政办宣传统战部
		5. 加强学院校园网建设，建好学院、各部门、各系网站，重视多种媒体对学生的教育和引导。	B	宣传统战部职能部门各系
	专业建设	1. 围绕文化建设与专业建设双核共振文化育人理念，进一步深化"三双四会一主线"人才培养模式改革，指导各专业进一步优化人才培养方案。	A	
		2. 坚持产教融合、工学结合人才培养模式改革，围绕专业知识与技能、职业精神与素养同推进共提升，制定符合院情和学情的人才培养质量多元评价标准，进一步加强教风、学风建设。	A	教务处学工部、团委思政部各系
		3. 加强入学教育，开好 1123 高职第一课，通过讲精神、诵经典、练军姿、观故里、修家书，帮助新生尽快适应环境，树立正确的价值观与人生观。	A	
		4. 加强公共基础课改革，重视人文教育，加强专业课文化建设，提升学生的专业文化素养，培育职业精神，促进学生全面发展。	B	教务处各系部
		5. 坚持产教融合，校企合作，培育开发工学结合的系列文化育人项目。	A	教务处各系

一级指标	二级指标	三级指标	指标类型	责任部门
载体建设	文化活动	1. 围绕学院五元文化特色，开展五大文化品牌活动：每年9月，举办以"崇先仰贤，思源致远"为主题的红色文化节系列活动；每年10月，举办以"多元一体，包容和谐"为主题的民族文化节系列活动；每年4月，举办以"博采众长，弘扬文明"为主题的传统文化节系列活动暨"书香广职，悦读人生"的读书月活动；每年5月，举办以"问道明理，修文强技"为主题的技能文化节系列活动；每单年6月，举办以"汇珍集锦，传承民俗"为主题的"渠江论坛"系列文化活动。	A	学工部、院团委各系
		2. 加强社团文化建设。重点培育具有专业文化背景的学生社团，开展精品社团文化活动，建好邓小平故里大学生志愿服务品牌。	B	学工部、院团委各系
		3. 建好全国道德模范"曹于亚爱心工作室"，开展弘扬感恩文化、诚信文化、节俭文化等主题文化活动。	C	宣传统战部学工部、团委
		4. 办好德馨国学馆，加强传统文化学习传承教育。	C	茂林文化艺术中心
	实习实训	1. 制定实践教学标准，增强实践教学比重，提升实践教学水平，制订实训室文化建设方案，建好校内外实训室（基地）。	A	教务处各系
		2. 建立企业文化体验制度，组织学生深入企业学习考察，撰写企业文化体验总结；组织青年教师深入企业、社区和乡村进行挂职锻炼，增强青年教师企业文化学习背景。	B	组织人事处校企合作处
		3. 建立校企文化交流制度，各系根据专业特点，邀请企业专家、行业能手进校开展相应的企业职业文化讲座。	C	教务处校企合作处各系

续表

一级指标	二级指标	三级指标	指标类型	责任部门
载体建设	就业创业	1. 建好大学生创业阵地,加强创业文化学习与实践,重点建好大学生文化创意德馨社,指导学生进行校园文化产品设计与营销。	C	招生就业处
		2. 坚持和完善毕业生跟踪调查制度,建立毕业生跟踪信息档案,实时了解职场对学生首岗适应能力和多岗迁移能力要求。	C	招生就业处 校企合作处 各系
		3. 建立优秀校友信息档案,走访职场成功与失意学生,邀请校友回校做报告,了解职场对高职生的素养需求。	C	
		4. 实施第三方年度分析报告制度,全面掌握毕业生就业状况,调整人才培养方案。	C	
队伍建设	政治方向	坚持正确的政治方向,把握意识形态话语权,自觉践行社会主义核心价值观。	A	宣传统战部 组织人事处 教务处
	师德师风	建设具有高尚职业道德、扎实文化修养、高度责任意识、崇高敬业精神的教师队伍。	B	
	培养培训	根据文化育人工程发展需要,有计划安排相关人员外出学习、培训,参加学术研讨与交流。	C	组织人事处 宣传统战部
	表彰评优	将文化育人工作作为重要评价指标纳入学院绩效考核、表彰评价、职称晋升方案。	C	组织人事处

一级指标	二级指标	三级指标	指标类型	责任部门
科学研究	职教研究	以广安邓小平职业教育研究所为主阵地，加强邓小平职业教育思想研究，为职教改革和发展提供理论支撑。	B	宣传统战部 科研处
	科研项目	根据入学教育和学生综合素养提升需要，出版、修订相关文化育人校本教材。	C	科研处 学工部、团委
		坚持产学研结合，创新科研管理体制机制，深化校企合作研究，加强科研成果转化应用，提升社会服务能力，进一步加强科研学术交流推广。	C	科研处
		争创省级及以上教育教学成果奖。	C	科研处
服务地方	政治生活	深入企业、社区、乡村，宣讲党的重要会议精神；加强"思源合唱团"建设，积极参加纪念邓小平等红色文化活动；积极参与地方组织的政治文化活动。	B	宣传统战部 组织人事处 学工部、团委
	经济发展	深入企业，为企业提供有关职业道德、文化礼仪等培训服务；发挥学院专业教师资源优势，开发产教融合、校企合作育人项目，服务地方经济发展。	B	校企合作处 教务处 各系
	文化生活	积极参加华蓥山幺妹节、岳池农家文化节等地方文化活动，主动参加地方重要节庆主题文化活动；发挥文化建设示范引领作用，加强中高职衔接，对口辐射带动中职学校。	B	学工部、团委 工会 各系
	社会事业	充分发挥学院志愿者服务团队作用，广泛参加社会公益活动；依托广安市法律援助中心广安职业技术学院援助站，提供法律援助和法律咨询服务。	C	学工部、团委 宣传统战部
	生态文明	积极参加国家卫生城市、全国文明城市创建工作和复查验收工作；与广安市林业局、农业局等合作开展课题研究，为广安市生态文明发展做出积极贡献。	C	宣传统战部 学工部、团委 各系

说明：一级指标5项，二级指标19项，三级指标44项，其中，三级指标又分为A、B、C三类，A为核心指标（12项），B为重点指标（13项），C为基本指标（19项）。

（本标准由学院党委办公室提供）

二、校园视觉识别系统

视觉识别，是指通过视觉符号设计所形成的独特文化标识，具有标准化、专属性特点，包括学院名称、象征图案、品牌标志、标准色彩、标准字体、宣传口号、文化产品等。

校徽释义

围绕思源文化，将水作为校徽设计核心元素，取水滋养万物、不求回报的奉献品质及顺势而为、勇往直前的进取精神，抽象设计，完成一滴晶莹水珠的演绎，取意上善若水，思源致远。

校徽主体由"广"的大写字母 G 和"职"的大写字母 Z 变形而成，构成广安职业技术学院的缩写（GZ）。

1906 为学院前身的创办时间，红蓝绿三色搭配，神似篆书之水 ，又象征校园的三色文化，即红色革命传统文化、蓝色职教科技文化、绿色青春生态文化。

创意：赵军
设计：王雪松

校徽

标准字体——魏碑

魏碑是楷书的一种，上承汉隶传统，下启唐楷新风，字体圆润秀美，结构严谨，为现代汉字的结体、笔法奠定了坚实的基础。康有为在《广艺舟双楫》中赞誉魏碑有十美：一曰魄力雄强，二曰气象浑穆，三曰笔法跳跃，四曰点画峻厚，五曰意态奇逸，六曰精神飞动，七曰兴趣酣足，八曰骨法洞达，九曰结构天成，十曰血肉丰美。

标准色彩

文化红胜火，渠水绿如蓝。

校园的色彩明丽而丰富，绚烂而缤纷，淡妆浓抹，相得益彰。

红色——象征革命文化，代表着校园文化建设的主流方向。广安是一座红色教育的重要城市，其红不仅是视觉上的火红和热烈，更是精神上的信仰和追求，它是学院文化建设一道亮丽底色。

绿色——象征青春文化和生态文化，它是生命的颜色，青春的倩影在渠江之畔尽情演绎，充满生机。它是园林式校园建设的理想色彩，郁郁葱葱，欣欣向荣。绿竹精神更是象征了广职人谦虚、坚韧的精神品质。

蓝色——象征技能文化，是一种清新永恒的苍穹本色，通透而深邃，具有广阔、沉静、洁净的特点。随着社会进步，又赋予了它科技和效率的内涵，与学院崇德尚技的精神相契合。

宣传用语

思源　追寻　致远

追寻小平足迹，求学伟人故里。

思源致远，感恩奋进。

致善若水，明德向上。

德技兼修，知行合一。

劳动光荣，技能宝贵，创新伟大。

华蓥苍苍，渠水泱泱；小平故里，山高水长。

崇先仰贤，缅怀小平，砥砺奋进，感恩自强；思源致远，凝心聚力，众志成城，携手同创。

校园情韵

校之花——兰花

兰花高洁、淳朴、俊雅、贤德，为花中君子。孔子曰："芷兰生幽谷，不以无人而不芳，君子修道立德，不为穷困而改"。空谷幽兰，高贵有节，谦谦君子，温和有礼。其清远幽香，淡以明志，象征一室兰香，满园芬芳。

校之树——银杏

银杏是中国的特产，以其历史悠久而著称于世，是中国人文色彩最浓厚的树种，挺拔茂盛、生机盎然，被誉为"东方的圣者"，象征幸福、健康、吉祥、和谐。银杏多果，象征桃李满天下，树干笔直，象征学子正直的品格，呈扇形对称的心形树叶象征美满、甜蜜。

校之礼服

古人云："中国有服章之美谓之华，有礼仪之大故称夏。衣冠上国，礼仪之邦，始称华夏"。中华民族历来重视服饰文化，强调"先正衣冠，后明事理"。校园礼服同样也是学院价值观的外化，体现了学生对中华传统文化的自觉和自信。以传统青花为主要元素设计的服装作为活动礼服，集仪式感、庄严感于一体，恬淡素雅，得体端庄。毕业礼服采用学院 VI 主题元素，以青和蓝为主体色搭配，以山之青、水之蓝比喻青取之于蓝而青于蓝。

文创产品

文化创意产品是学院的文化名片，是校园文化的具体而微，不仅能传播学院的价值观，还能观照师生的审美需求和文化消费主张。文创产品的开发必须调动师生创作的积极性，自觉融入学院的文化元素，设计集教育、审美、时尚、实用于一体的系列产品，以物铭志，把文化产品变为师生共享的文化资源和共有的文化财富。

（本部分由赵军、王雪松、廖以银撰稿）

三、校园新媒体管理规范

第一章　总则

第一条　为了规范校园新媒体的建设与管理，促进校园新媒体健康有序发展，更好地发挥新媒体在信息交流、文化传播、师生服务等方面的作用，根据中共中央、国务院《关于加强和改进新形势下高校思想政治工作的意见》《"十三五"国家网络安全规划》，中共中央办公厅《党委（党组）网络意识形态工作责任制实施细则》以及教育部、国家互联网信息办公室《关于进一步加强高等学校网络建设和管理工作的意见》等文件精神，结合学校实际，特制定本办法。

第二条 本办法所指的校园新媒体，指以单位（二级学院、职能部门）及学校共青团、学生会、学生社团等群团组织的名义建设、认证的新媒体平台，包括网站、微博、微信、APP 移动客户端等。

第三条 校园新媒体是学校思想文化的重要宣传阵地，校内各级党组织要高度重视新媒体的发展和运用，全面贯彻党的教育方针，坚持党管媒体的原则，增强对互联网发展的适应性，充分发挥新媒体优势，做好网络信息公开、新闻宣传、舆论引导等工作，形成新媒体工作合力。

第二章 组织与管理

第四条 新媒体建设管理必须严格遵守国家各项法律法规，遵守学校各项规章制度，严格遵循"谁开设、谁主管，谁应用、谁负责"的管理原则。新媒体建设管理单位必须建立完善的管理制度和运行机制，包括建立责任体系、完善工作队伍、完善审核发布机制、细化工作流程等。

第五条 新媒体由学校党委统一领导。宣传统战部对学校新媒体进行归口管理，职责为制定新媒体发展规划，研究制定管理政策，统一管理、协调，监督检查与考评新媒体运营状况等。宣传统战部围绕学校中心工作做好新媒体组织、宣传、策划及管理等工作。图书信息中心负责技术支持，协助宣传统战部开展工作。

第六条 学校对校园新媒体实行分级管理。学校官方新媒体平台为一级平台，由宣传统战部直接管理。各学院和职能部门官方新媒体平台为二级平台，由各二级学院和职能部门负责建设与管理；各二级学院党总支书记和职能部门主要负责人为本单位新媒体建设和管理第一责任人。学生班级、学团组织、社团创建的新媒体平台为三级平台，学生班级的新媒体平台归口所在二级学院管理，学团组织、社团的新媒体平台归口校团委管理。

第三章 备案与审批

第七条 学校对校园新媒体实行登记备案制度。需要开通新媒体平台的单位和个人，事先须向宣传统战部提出申请，填写《广安职业技术学院校园新媒体审批表》，所在单位管理责任人需签字并加盖单位公章，交由宣传统战部备案。已经运行的新媒体账号，需填写《广安职业技术学院校园新媒体登记表》。

第八条　学校对一级、二级校园新媒体平台实行审批和年审制度，未通过审核的平台不得继续运行。账号名、后台管理人员或维护方式发生变更，应在一周内，以书面形式报宣传统战部备案。未提交年审材料或审查不合格的，该平台不得继续运行。

第九条　以学校各二级学院、职能部门、社团等组织机构名义建立，涉及学校事务，用于工作交流，内容传播的各类新媒体平台，如QQ群、微信群、聊天室等，实行管理员负责制，纳入创建人所在单位管理。以个人名义创建的新媒体平台，不得以"广安职业技术学院＊＊＊"、"广安职院＊＊＊"、"广职院＊＊＊"等名义运营，且本人对所发信息要负全部法律责任。

第四章　工作机制

第十条　新媒体各平台是校园媒体的重要组成部分，各类新媒体要有明确的定位和服务对象，积极利用新媒体促进工作，注重个性发展，提高文化内涵，避免重复建设。

第十一条　新媒体平台要制定信息审核、发布等管理规范。各建设单位要对新媒体平台所发布内容的真实性负责，严格执行"先审后发"制度，严禁发布不实、不健康等违规信息。主动建立健全新媒体管理制度，明确分管领导，建立运维团队，专人具体负责新媒体内容审核与日常维护等工作，做到内容丰富，及时更新。

第十二条　建立新媒体平台内容发布联动机制。在涉及学校重大事项或突发事件危机公关应对时，由宣传统战部统筹协调，及时上报学校相关领导，统一发布，做好信息报告、新闻发布、澄清事实等工作。各类新媒体必须按照学校官方发布信息进行转发，严禁私自发布相关信息。

第十三条　各新媒体各平台严禁发布任何有损国家、社会、学校声誉的不良信息；严格遵守广安职业技术学院保密工作相关管理规定，严禁发布涉密信息。

第五章　信息安全

第十四条　学校所有新媒体责任单位必须切实加强账号管理和内容监管，确保网络安全和信息安全，对出现违规内容的新媒体，情节严重并造成不良后果的，将按照有关规定追究直接责任人和主管领导责任。

第十五条 新媒体平台如果涉及校内数据服务，服务器必须在校内设置，并按学校服务器管理有关规定报学校图书信息中心审批。

第六章 附则

第十六条 开通官方新媒体平台的各二级学院和部门，可参照本实施办法制定具体管理办法，健全各项管理制度。

第十七条 本办法自发布之日起实施，解释权归宣传统战部。

（本规范由学院党委宣传部提供）

四、优秀传统文化传承发展实施意见

文化是民族的血脉，是人民的精神家园。中华文化独一无二的理念、智慧、气度、神韵，增添了中国人民和中华民族内心深处的自信和自豪，是建设社会主义文化强国，增强国家文化软实力，实现中华民族伟大复兴中国梦的重要基石和突出优势。面对思想文化交流交融交锋更加频繁的现状，当代大学生在文化传承中，迫切需要深化对中华优秀传统文化重要性的认识，迫切需要学习传承中华优秀传统文化的思想理念、传统美德、人文精神，迫切需要进一步增强文化自觉和文化自信。因此，为全面提升师生的文化素养，推动中华优秀传统文化的教育普及、传播交流，让文化育人成为学院可持续发展的又一特色，现就优秀传统文化传承发展提出如下实施意见。

（一）总体要求

在学院党委的领导下，高举中国特色社会主义伟大旗帜，以邓小平理论、"三个代表"重要思想、科学发展观为指导，深入贯彻习近平总书记系列重要讲话精神和治国理政新理念新思想新战略，紧紧围绕实现中华民族伟大复兴的中国梦，坚持以学生为中心的工作导向，坚持以社会主义核心价值观为引领，坚守中华文化立场、传承中华文化基因，不忘本来、吸收外来、面向未来，汲取中国智慧、弘扬中国精神、传播中国价值，培育高素质技术技能人才。

（二）基本原则

牢牢把握社会主义先进文化前进方向，以培育和践行社会主义核心价值观为引领，实施"一核三维五元"的文化育人模式，培育民族精神和时代精神，

培养学生正确的价值观。

坚持以学生为中心的工作导向，注重文化熏陶和实践养成，把跨越时空的思想理念、价值标准、审美风范融入课堂学习、实习实训和生动丰富的文化活动，在以文化育中，转化为师生的精神追求和行为习惯。

以坚持中华文化立场，传承中华文化基因为己任，营造浓厚的传统文化学习氛围，培育师生的中华文化自觉和文化自信；坚持与时俱进，秉承客观、科学、礼敬的态度，取其精华，去其糟粕，不断赋予优秀传统文化新的时代内涵和现代表达形式，增强学生的文化参与感、获得感和认同感，形成向上向善的社会风尚。

（三）主要内容

1. 传播中华文化核心思想理念，大力弘扬讲仁爱、重民本、守诚信、崇正义、尚和合、求大同等思想。

2. 传播并践行中华传统美德，大力弘扬自强不息、敬业乐群、扶危济困、见义勇为、孝老爱亲等传统美德。

3. 传播和培养中华人文精神，围绕求同存异、和而不同的处世方法，文以载道、以文化人的教化思想，形神兼备、情景交融的美学追求，俭约自守、中和泰和的生活理念等，大力弘扬有利于促进社会和谐、鼓励师生崇德向善的思想文化内容。

（四）重点任务

1. 建好德馨国学馆，完善书法实训室、茶艺室、道德讲堂的建设。围绕传统文化精髓，做好国学馆课程设置，组织力量编写书法、国画、武术、中医常识、传统体育、传统礼仪等教材。

2. 建设一支校内外结合的师资队伍，聘请有理想信念、有道德情操、有扎实知识、有仁爱之心的教师教书育人，传道解惑。抓好学生社团萌芽书法社、园丁文学社、武术爱好者协会的建设，抓好学生文化志愿服务队建设。

3. 编好《渠江吟诵》（上下册）晨读教材、《初心·匠心·报国心》入学校本教材。

4. 进一步开发具有传统文化意蕴、广安特色、学院标识的景点项目，科学规划新的景点，用雕塑、园林等形式，建设融合节日、节气、生肖、武术、京剧、民间艺术等的文化景点。

5. 举办传统文化讲座和经典朗诵，继续办好"我们的节日"系列活动。

6. 加强非物质文化遗产竹丝画帘、岳池曲艺的学习传承，建好学习基地。

7. 挖掘中华传统体育项目，开展放风筝、滚铁环、跳皮筋、打陀螺及跳绳等健康体育活动，并与教职工趣味体育活动相结合。

8. 依托每年四月举办的传统文化节，开展"书香广职悦读青春"读书活动，办好中华传统诗词经典诵读活动。

9. 举办传统书法、绘画展览。

10. 依托每年举办的民族文化节，举行中华传统服饰展示走秀和融合琴声书画文化元素的礼仪表演。

11. 积极参与文化扶贫，加强对扶贫村的文化建设指导，通过挖掘村史，依照乡风民俗，帮助扶贫村建好村史馆及其他文化活动阵地。

12. 上好1123开学第一课，开展新生修家书系列活动。

13. 推动学院开设中华优秀传统文化必修课。

14. 积极参加文联组织的系列文化活动，推进戏曲等高雅艺术进校园。

15. 办好德馨文化社，组织师生设计具有传统文化特色的校园文化产品。

16. 加强阵地建设，用学院网络、LED、专栏、广播等新媒体和传统媒体抓好传统文化的宣传和教育。

17. 在教师中倡导与传统文化融合的生活方式，每年举办1~2次中医养生知识讲座。

18. 开设少儿国学班，通过经典文化学习、传统礼仪演习、传统体育练习、经典歌曲吟唱，组织好"六一"传统文化展演，培养少年儿童学习传统文化的自觉性与积极性。

19. 进一步加强全国道德模范"曹于亚爱心工作室"建设，开展感恩文化、诚信文化、节俭文化学习传承，弘扬传统美德。

20. 建好德馨民乐坊。

（五）保障措施

1. 加强组织领导

学院党委要高度重视传统文化的学习传承，加强领导，宣传部门要发挥综合协调作用，校园文化建设领导小组全面负责学院学习传承中华优秀传统文化的实施工作。

2. 经费保障

专门预算每年开展学习传承中华优秀传统文化的工作经费，确保工作顺利推进。

3. 阵地建设

依托德馨国学馆、曹于亚爱心工作室等阵地，借助专业实训室（茶艺、书法、国画等实训室），开展道德讲堂及传统文化学习传承活动。

（本实施意见由学院党委办公室供稿）

第六章

境以载道　以境育人

校园物质文化是一种显性文化，它以建筑与景观为主要载体，精心设计，融情于景，具有强烈的感染力。遵循大道至简的审美原则，追求简洁、清新、隽永的格调，兼具厚重内敛的传统文化与丰富多彩的时代文化特征，是职业教育景观和职业文化景观的有机统一。从微观看，匠心独运，枝叶关情，真诚而细腻，具有色味声光的情趣之美。花木的色彩斑斓，花香的暗香传情，水声、鸟声、读书声的声声入耳，还有春夏秋冬自然光影在岁月着色中的造型，均铺陈了校园的诗意。从宏观看，围绕空间与情景的设计，赋予建筑及景观以温度和情感，集教育性、实用性、艺术性于一体，错落有致，各美其美。建筑空间所显示出的强大的场所力量，不仅演绎着学院的历史、积淀、风骨，还在物换星移中，以一如既往的平和、威严，见证并助推着学生的成长和学院的发展。

第一节　校园概貌

习近平同志曾说过："建筑也是富有生命的东西，是凝固的诗、立体的画、贴地的音符……"。建筑作为展示校园文化的第一窗口，是艺术和技术的和谐统一，它诠释和升华着学院的教育思想、审美情趣、行为准则。

广安职院居小平故里，毗邻渠江，背陵傍水，通透旷远。承接伟人恩泽，独享渠水灵气，外览山水之秀，内修人文之气，风度凝重，坚韧自信，开阔朗润，包容大气。渠江、白塔、公园有机统一，花木、奇石、水景点缀其间。阳光柔和，微风轻拂，时光恬静，岁月静好。

以思源楼及小平广场、致远广场为中轴，明德楼、致用楼两两对峙，与春晖楼、稻香园、九思楼相印，成一体两翼格局，其蕴含的对称美和整体美，体现了中华美学的东方韵味，由文化浸润而呈现的整体视觉映像，展示了现代建筑的力度美和结构美，庄严肃穆，气质含蓄。

思源楼挺拔别致，独显尊荣；明德楼、致用楼天圆地方的设计理念，端庄大气，充满思辨；春晖楼沐浴阳光，矗立江畔；别具一格的校门，显毓秀之美，寓意美好的自然环境培养优秀的人才。

中心广场一直被同学们亲切地称为"小平广场"，融职教文化与红色文化于一体，丰碑高矗，匠星闪烁。二八年华的小平意气风华，开勤工俭学先河，成职业教育先驱。匠人文化群雕，传达了古今中外的能工巧匠是技术精湛的引领者，职业操守的守护者和创新创造的开拓者的深刻含义，表达了对能工巧匠的礼赞，彰显了三百六十行，行行出状元的崇德尚技的思想。

小平广场

致远广场

致远广场是学院顺应职业教育可持续发展趋势，坚持以人为本和建设特色校园景观的生态设计思想，精心打造的文化空间。以"源"为设计理念，取饮水思源，水润人和之意，喻小平恩泽源远流长，泽被后世，莘莘学子思源致远，报效祖国。通过一轴、三廊、多点的构思，营造可游、可憩、可赏、可思的氛围，梳理心情，沉淀心灵，精巧而寓意深刻。在移步换景中，将学院的历史、人文和地域文化抽象出的文化符号熔铸其中，使学生在静思游憩中受到潜移默化的熏陶和影响。

一轴——一泓秀水，灵动潺潺，循环往复，心旷神怡。因水而润德，观水而思德。

三廊——由传统奇葩、民族瑰宝和川东艺珍文化墙形成的历史人文走廊，对宏观空间起着连接作用，体现了厚重的校园历史文脉。

多点——碑林慧语、书山、勤思林点缀广场，简约而传神，草长莺飞，流连忘返。

第二节　校园美景

菁菁校园，桃李竞芳。以文化工程建设为主的十大景观文化建设，集人文底蕴、艺术情怀于一体，外显为校园物质文化载体，内化为对校园文化的礼赞，既积淀百年厚重历史，又升腾时代文化气息，隽永而沉静，它所蕴含的文化和审美，有厚度，有质感，构建着广安职院的人文之美。

校园十景

思源揽胜	小平丰碑
毓秀中正	匠星闪耀
水润人和	银杏葳蕤
巾帼双娇	杏坛在望
滨江景苑	小平你好

思源揽胜——思源楼是学院的地标建筑，它巍峨壮观，庄严挺拔。宝蓝色的玻璃墙幕大气通透，与蓝天白云相映成趣，取名思源是学院饮水思源，感恩奋进的精神写真。

思源揽胜

小平丰碑——少年小平，意气风华，远渡重洋，勤工俭学。丰碑是学院主流价值观的生动诠释，追寻伟人足迹，践行职教伟业，彰显了职业教育的精神高度。

小平丰碑

毓秀中正——学院校门守望渠江，大气舒展，形似翻开之书，寓意开卷有益，学有所获，又神似中庸之"中"，寓意中正平和，内敛包容。

毓秀中正

匠星闪耀——成环形坐落的雕塑群和浮雕墙，镌刻古今中外能工巧匠及创造发明，共同构成汇聚致臻匠心的匠人文化内涵，其强烈的视角张力传达了发思祖之幽情、思学技之进步的初心。

匠星闪耀

水润人和——涵盖致远广场的整个文化空间，集碑林慧语、民族瑰宝、传统奇葩和川东艺珍等特色景点，是学院着力打造的又一文化亮点工程，展示了学院开放包容的文化观。

水润人和

　　银杏葳蕤——郁郁葱葱，华盖亭亭，枝叶交错，光阴斑驳。由挺拔的银杏所形成的景观大道，是学院一道亮丽的风景，它盎然的生命绿是职业教育蓬勃兴旺的象征。

银杏葳蕤

巾帼双娇——革命浪漫主义史诗小说《红岩》塑造的传奇人物双枪老太婆栩栩如生，革命英烈血洒华蓥山的英雄壮举可歌可泣，生动地诠释了红岩魂的不朽精神，其人物原型陈联诗、邓慧中均毕业于我院前身岳池师范学校。双娇雕塑采用红色花岗岩，以一文一武造型，展现了巾帼英雄的飒爽英姿，大义凛然，表达了广安职院对红色文化的弘扬，对革命先辈的缅怀。

巾帼双娇

杏坛在望——相传杏坛为孔子讲学的地方，以此命名集学术报告、文艺展演为一体的学术殿堂，表达了广安职院对先贤的礼敬和对中华优秀文化的传承。别具一格的圆体建筑，静静伫立，守望渠江，给工业感很强的方形建筑群增添了圆润与柔和。

杏坛在望

　　滨江景苑——滔滔东逝的渠江，是广安的母亲河，更是学院以水喻德的思源文化的意象载体。利用市政工程的景观资源，形成校内校外的景观呼应：学府广场，静谧朗润；林荫小道，清幽蜿蜒；四季繁花，草木葱茏，浑然一体，美不胜收。

滨江景苑

小平您好——小平风采，高山仰止。浮雕艺术墙背景由我院茂林文化艺术中心创意设计，以故居、渠江、祥云为构图元素，表达了家乡人民的深切怀念。

小平您好

主体浮雕由名家设计，以改革开放总设计师小平同志在明媚的春光中亲切地向我们走来，走向繁花似锦、万象更新的春天为喻，表现了小平同志的崇高品格和伟大情怀。

"一字师"石头记：常言道，坚如磐石，石头所特有的禀赋，象征了职教人肩负使命、负重前行、勇于担当的精神。汉语博大精深，它所表达的深刻内涵、睿智思想是砥砺青年学子的价值尺度和价值标准。齿轮石原为打地基取出的弃石，机械化操作所形成的规则齿轮状，使它拥有了变废为宝的生命。坚韧的品质，硬朗的轮廓，让它有了工业文化的特质，它匍匐于校园花圃，坚毅而阳刚。再镌刻如仁、义、礼、智、信、温、良、恭、俭、让、和、忠、真、勇、诚、朴、毅、精、健、博、善、美、恒、爱、慎、廉、洁、思、雅、实、严、孝、德、勤等文约义丰，言简意赅的汉字，在微言大义的隽永中，实现晓之以理，导之以行。

"一字师"石景

双猫灯：由我院茂林文化艺术中心根据"白猫黑猫，抓住老鼠就是好猫"创意设计，黑白二色，简洁醒目，造型别致，生动可爱。与中正大气的校门呼应融合，蕴含了开启智慧之门，照亮学子人生的美好寓意。

双猫灯

追寻文化带简介：

广安职院的中轴线文化，由一体两翼的主体建筑和景观构成，是弘扬和传播小平精神的核心景观文化带。它围绕思源、追寻、致远的校训，沿着渠江、毓秀门、双猫灯、小平广场、水润人和水景、思源大楼和伟人铜像，无不融进了小平思想文化，以伟人思想精神设计的人文景观，涵养了校园文化的新高度。

沿着这条景观脉络，我们在追寻中溯源，移步其间，流连忘返，思念之情油然而生……

面临滔滔渠江，追寻小平远去的身影，缅怀他波澜壮阔的人生。

求索漫漫征途，追寻小平足迹，求学伟人故里，饮水思源，励志图强。

毓秀门开启智慧，双猫灯照亮人生。

追寻，小平广场，二八年华勤工俭学的风采是永远的丰碑。

追寻，碑林慧语的睿智，闪耀着伟人思想的光芒。

在水润人和中追寻，一泓秀水，灵动潺潺，观水思源，怀德感恩。

斯郡物华蕴天宝，此处地灵生人杰。小平铜像，名家作品，伟人风范，高山仰止，在春天的故事里，小平同志亲切地向我们走来，走向万象更新的春天……

第三节　名称释义

古语云，名不正，则言不顺。传统取名历来讲究音美上口悦耳，意美别具韵味，形美龙飞凤舞、气韵生动，尤以意美为重，有男名取于《论语》，女名取于《诗经》的讲究。纵观学院建筑，有楼、阁、园、苑，见其名，识其义。楼显大气，刚健伟岸，用于教学楼及男舍使用。阁呈温婉，古有闺阁，待字闺中，柔美细腻，最宜女舍。因此，名称不止是一种认知符号，还要体现民族哲学、价值观和审美追求，深刻而有寓意的名字还将深深停驻学生心灵，成为对青春岁月的美好追忆。

思源楼——崇先仰贤，思源致远。名出南北朝·庾信《征调曲》"落其实者思其树，饮其流者怀其源"，取饮水思源、感恩奋进之意。

春晖楼——家国情，报春晖。名出唐·孟郊《游子吟》"谁言寸草心，报得三春晖"，取感恩父母，向上向善，心有大成，至诚报国之意。

明德楼——至善若水，明德向上。名出《礼记·大学》"大学之道，在明明德"，取广博学问、彰明美德之意。

致用楼——致知力行，知行合一。名出宋·朱熹"大抵学问只有两途，致知、力行而已"，取学以致用、知行合一之意。

九思楼——思则得之，不思则罔。名出《论语·季氏》"君子有九思：视思明，听思聪，色思温，貌思恭，言思忠，事思敬，疑思问，忿思难，见得思义"，取乐学善思，事理通融之意。

稻香园——天朗气清书声琅，诗新韵雅稻粱香。名出清·曹雪芹《红楼梦》"一畦韭菜绿，十里稻花香"，取稻麦黍菽香，诗书礼易乐之意。

雨润苑——名出唐·杜甫《春夜喜雨》"随风潜入夜，润物细无声"，取春风化雨、勤育栋梁之意。

芳菲阁——名出"芳草碧连天，春色竞芳菲"，取桃李芬芳、争奇斗妍之意。

风华阁——名出毛泽东《沁园春·长沙》"恰同学少年，风华正茂；书生意气，挥斥方遒"，取青春焕发、风采动人之意。

兰蕙阁——名出唐·王勃《七夕赋》："金声玉韵，蕙心兰质。"取娴静聪颖、品质高洁之意。

秀慧阁——名出成语"秀外慧中"，取秀丽聪慧、内外兼修之意。

兰馨阁——名出成语"桂馥兰馨"，取桂香兰芳、冰清玉洁之意。

芳华阁——名出唐·韦应物《杂歌三首》"颜如芳华洁如玉"，取冰清玉润、娉婷秀雅之意。

诗涵阁——名出宋·苏轼《和董传留别》"腹有诗书气自华"、宋·陆九渊《陆象山语录》"涵咏功夫兴味长"，取诗书风雅、文采精华之意。

玉成楼——名出成语"艰难困苦，玉汝于成"，取欲成大器、须经磨炼之意。

思贤楼——名出《论语·里仁》"见贤思齐焉，见不贤而内自省也"，取师法先贤、历练修养之意。

弘毅楼——名出《论语·泰伯》"士不可以不弘毅，任重而道远"，取勇于担当、励志图强之意。

杏坛路——名出《庄子·渔父》"孔子游乎缁帷之林，休坐乎杏坛之上。"相传孔子杏坛设教，收弟子三千，授六艺之学，后杏坛成为兴教的象征。取杏坛蓬勃、人才辈出之意。

　　学海路——名出唐·韩愈的治学名联"书山有路勤为径，学海无涯苦作舟"，取同游学海、探求真知之意。

（本章由赵军撰稿）

第三篇 **03**

| 致 远 篇 |

第七章

运筹帷幄　文化立校

广安职业技术学院校园文化建设五年发展规划（2013—2017）

未来五年，是我国产业战略性转型升级和高职教育全方位注重内涵建设的新阶段，也是我院追赶跨越发展的关键时期。加强校园文化建设，对全面贯彻党的教育方针，营造良好育人环境，提高人才培养质量，增强学校核心竞争力，具有重大意义。根据《国家中长期教育改革和发展规划纲要》的战略部署及教育部、广安市、学院对校园文化建设的总体要求，立足建设具有鲜明地方特色和浓厚职教色彩的高职校园文化，特制定本规划。

一、建设背景

（一）国家政策要求

十八大报告强调"文化是民族的血脉，是人民的精神家园"，高等院校应"积极发挥文化育人作用……全面提高高等教育质量，必须大力推进文化传承创新"；十七届六中全会提出"深化文化体制改革、推动社会主义文化大发展大繁荣"的发展战略；《中共中央国务院关于进一步加强和改进大学生思想政治教育的意见》（中发〔2004〕16号）规定，高等院校要"大力建设校园文化"；《教育部、共青团中央关于加强和改进高等学校校园文化建设的意见》（教社政〔2004〕16号）对高等学校校园文化建设提出了明确要求。本规划正是围绕党和国家文化建设要求而展开。

（二）地方建设需要

中共四川省委及广安市委明确提出加快文化强省（市）和实施文化大发展大繁荣的战略目标。学院有责任为广安地方文化发展和繁荣做出应有贡献，培养出适应社会经济文化发展需求，具有社会责任感、创新精神、实践能力的高素质高技能建设者。

（三）学院发展需要

为保证办学质量，提升文化品位，学院"十二五"发展规划强调要不断加强校园文化建设。本规划旨在立足学院办学目标，探索适合地方高职院校校园文化发展的建设模式，建成文化校园。

二、现有基础

（一）已有条件

1. 校园文化底蕴深厚

学院办学历史悠久，为新民主主义革命和社会主义现代化建设培养了大批人才。在校园文化建设中，坚持社会主义核心价值观的指导地位，充分发挥校园文化潜移默化、熏陶浸润、以文化人的作用，引入 CI 策划理论，完成了体现广职文化特色的校徽、校旗设计和校歌创作；建立了与学院整体办学定位、人才培养目标相适应的规章制度；形成了"博学、严谨、勤勉、奉献"的教风和"笃学、善思、践行、创新"的学风及"明德、精业、求实、和谐"的校风；建成了彰显职业院校文化特色的小平广场、雕塑群与浮雕墙；形成了凸显职业院校特点的专业文化、班级文化、宿舍文化、社团文化；开展了大量的校园文化建设基础理论研究与文化工程建设，多次荣获四川省高校校园文化建设优秀成果等级奖，立项省级重点研究课题《构建高职生社会主义核心价值体系教育的立体化模式研究》项目编号：（CJ11 – 065）。

2. 红色文化资源得天独厚

广安红色文化资源丰富，有邓小平故里、小平故居陈列馆、思源广场、华蓥山游击队根据地遗址、岳武起义遗址等红色旅游景点与红色革命旧址；川东地区又是老一辈无产阶级革命家朱德、罗瑞卿、刘伯坚、张爱萍、王维舟、魏传统等的故乡，是全国第二大苏区——川陕革命根据地的中心地带。

3. 职教文化建设初见成效

（1）邓小平职业教育思想研究深入开展

成立了邓小平职业教育思想研究中心，开展邓小平职业教育思想研究与实践，并已取得阶段性成果，立项省市级课题多项，出版了《邓小平职业教育思想研究论文选》。

（2）职业道德建设形式多样

全面加强师德师风建设，以师德示范推动学生职业道德的养成；采用思想政治理论课、党团活动、入学教育、专业教学、文体活动、实验实训、社会实践等多种形式，培养了学生良好的职业道德素养。

（3）校企合作深入开展

学院与百余家优秀企业建立了良好的合作关系，通过校企合作，学生在实习实训中接受企业职业文化熏陶，毕业生普遍受到用人单位好评；结合专业特点，组织学生参加各级各类职业技能大赛并获奖。

4. 民族文化活动丰富多彩

目前，学院拥有来自汉、藏、彝、羌等 17 个民族的学生，开展了以"团结和睦"为主题的系列民族文化教育活动，连续举办了五届彝族年、四届藏历年活动和两届融合各民族文化的民族文化节。

5. 传统文化传承有序

举办了"读书月"系列活动、"爱祖国，诵经典"诗歌朗诵、"学国学，知礼仪"演讲比赛、传统书画比赛、传统节日庆典和以"思源·感恩"为主题的校园文化活动。

6. 川东文化学习积极开展

川东人坚韧、率直、豁达、包容、自信、自立，川东文化既有鲜明的民族性，又有独特的地域性，其中岳池县为全国曲艺之乡。学院结合川东地方文化特色，采取"请进来、走出去"方式，组织师生观看灯戏、学唱清音、练习舞龙、敲击莲厢等；深入开展川东文化研究，已出版专著《广安源流》。

7. 文化服务能力不断增强

学院充分发挥地方高校文化优势，积极参与地方文化服务活动。（1）参加广安市文化"三下乡"活动；（2）参与广安市纪念日、节日庆典文化活动；（3）参加"岳池农家文化节""华蓥山幺妹节""武胜嘉陵江国际龙舟节"等重大地方民俗文化活动；（4）为广安市住建局、人社局、武警消防支队以及各区市县等有关政府机关、企事业单位、中小学等开设文化讲座和组织培训。

（二）存在的问题

1. 校园文化建设经验不足

由于学院高校办学历史不长，高职校园文化建设经验不够丰富，学院应不断加强内涵建设，积淀校园文化底蕴。

2. 校园文化设施亟待改善

继续加大校园文化设施建设投入，完成师生文化活动中心和校园文化景点建设，改善校园文化育人环境。

3. 校园文化特色不够鲜明

学院由单一师范升格，建院历史不长，高职校园文化特色不够鲜明，应在建设思路、建设目标与建设内容方面狠下功夫。

三、建设思路

校园文化建设坚持立德树人，德育为先，以社会主义核心价值观为主线，以提高人才培养质量为核心，以"红色文化、职教文化、民族文化、传统文化、川东文化"五元互动为特色，不断提升学院文化品位，增强学院文化传承和创新能力，形成具有红色文化导向性、职教文化实践性、民族文化包容性、传统文化传承性、川东文化地域性等具有小平故里特色的高职校园文化，使我院成为川东地区发展中国特色社会主义先进文化的重要基地、示范区和辐射源，为欠发达地区和革命老区地方高职院校校园文化建设提供典型示范。

（一）建设主体互动

文化的多元性首先源于主体的多元，校园文化亦不例外。校园文化建设主体的"多元互动"包括两层含义。

一是高职院校校内建设主体的互动，包括学院领导、全体教职员工和广大学生，这一主体是校园文化建设最主要的依靠力量，是校园文化的创造者、传承者与传播者，在校园文化建设中，应当充分发挥这一力量的主动性、主导性与创造性，人人参与校园文化建设，在校园文化建设中不断提升自身人文素养。

二是校园文化建设的校内主体与校外主体联动。现代职业教育的开放性，注定了高职院校绝不是孤立的象牙塔，高职校园文化建设必须借助校外的各种力量。校园文化校外建设主体包括各级党政、企事业单位、校外专家学者和知名校友等。广安职院充分发挥伟人故里这一政治优势和四川唯一"部省""省市"共建的地方高职院校这一外部办学环境优势，不断加强校园文化建设，在十年的高职办学中，已经取得了较为突出的校园文化建设成就。只有加强校内主体与校外主体联动，才能真正做到高职校园文化建设与地方经济和社会发展相适应。

由于高等职业教育普遍起步较晚，特别是在一些欠发达地区，高职校园文化建设存在办学经验与建设资金不足等诸多问题。高职院校要想迅速提升其校园文化品位，提高其文化辐射力和社会影响力，须要有大量人、财、物投入，为此高职院校应建立广泛的校园文化建设"统一战线"，充分调动一切可以调动的力量，争取多方支持，方能力争在较短时间内建成一流的高职校园文化。

（二）建设目标互动

1. 校园文化建设层次目标的多元互动

高职院校在校园文化建设的目标层次上，可以实行院级目标、系级目标和班级目标的三级互动；在院级校园文化建设层面，注重校园文化建设的宏观规划，科学决策，力求全面系统、重点突出、特色明显，改革校园文化建设模式，科学规划和分解校园文化建设工程；在院级建设目标的宏观指导下，系级校园文化建设，紧密结合本系专业群特点，打造建设专业群与职业群文化，以校企合作为平台，以职业素质为重点，营造企业职业文化氛围。班级校园文化建设在院级和系级目标的指导下，以专业文化为特色，打造班级校园文化，形成良好的班级文化氛围。无论是院级文化建设、系级文化建设，还是班级文化建设，都要做到既重视外显校园文化工程建设，又要重视内隐的校园文化价值理念、文化观念与文化习惯的培育，做到外显文化与内隐文化的互动。

2. 校园文化建设阶段目标的多元互动

坚持近期目标、中期目标与远期目标的协调互动，实现校园文化建设各类目标的科学协调可持续。校园文化建设工程是一项长期的建设工程。但并不妨碍在时间目标上将其分解为近期目标、中期目标与远期目标。近期目标是在短时间内可以达到的建设成果，应明确具体，切实可行，在实施近期目标时，应充分考虑校园文化建设的中期目标和远期规划要求。远期目标侧重于长远规划，应重点考虑学院的办学定位及其未来发展方向，应着眼于高品位、高要求。对于校园文化建设的近期目标和中期目标，要有明确具体的建设时间表和验收要点，做到分工具体，责任落实，而不流于形式。

广安职业技术学院"立足现实，注重过程，着眼长远"，实现近期目标（1-3年）、中期目标（3-5年）与长期目标三者互动，持续发展。其具体构想为：①近期目标，在示范建设期内，以"红色文化、职教文化、民族文化、传统文化和川东文化"为重点，打造校园文化活动五大品牌，初步形成欠发达地区高职院校校园"五元文化"特色；②中期目标，在前期校园文化建设成果的基础上，不断调整、完善，形成相对成熟稳定的高职校园"五元文化"特色；继续深入开展校企合作、校校合作，发挥地方高校校园文化的辐射带动作用；③长期目标，经过长期的校园文化建设积累，逐步建成文化校园，树立师生文化自觉与文化自信，以期在欠发达地区地方高职院校校园文化建设中发挥示范带动作用。

（三）建设内容互动

1. 文化建设的三维互动

高校校园文化的内容为物质文化、精神文化和制度文化及其统一体。其中物质文化是校园物化形态的文化，精神文化是校园文化的核心与灵魂，制度文化是其中介和中层文化，它包括有形的和无形的制度，突出表现为"校园人"的行为方式。校园文化建设应当通过精神文化、制度文化和物质文化三维互动建设，在整体上提升校园文化品位

精神文化是核心，是集广安职院全院之智，与时俱进，完善学院顶层设计，坚持办学理念，践行校训，弘扬教风、学风和校风，不断积累和凝练广职精神。物质文化是载体，将学院的文化价值理念、五元文化精神融入文化工程建设中，由外至内营造浓厚的校园文化育人环境。预计用两年时间完成校园文化十景规划设计和建设；应用视觉识别理论，装饰装修具有仿真效果的校内实训室，将先进企业职业文化植入学院职业教育教学环境之中。制度文化是保障，通过建章立制，培育师生自律意识，实现规范与示范"两范"并举。

2. 校园文化建设与学院专业建设共振互动

将校园文化建设融入思想政治教育之中，编写校园文化校本教材，通过红色文化学习教育，引领学生文化心理走向社会主义核心价值体系，进而实现对

主流价值观的认知、认同、践行和传播;通过职教文化,深入挖掘小平职教思想精髓,围绕"新四化"对高技能高素质人才的现实要求,培养学生正确的职业价值观;通过民族文化,实现民族认同,吸收各民族优秀文化,形成一体多元、百花齐放的文化氛围;通过传统文化,博采众长,弘扬文明,继承中华民族优秀文化传统;通过川东文化,让师生充分了解以广安为核心的川东地方文化民俗,实践国家保护非物质文化遗产的战略思想,增强学生对母校的热爱和归属感,更好地为广安地方经济、社会与文化发展服务。

将校园文化建设融入专业人才培养方案之中,结合相关专业职业特点,开设校园文化选修课,通过五元文化互动,实现共振效应,促进学生道德素质、专业素质、人文素质同步提升。如旅游管理专业培养学生敬业、乐观、博学、善辩、幽默、亲和、多才多艺、善于组织协调等从业素养;建筑工程技术专业学生敬业、诚信、团结、协作、重科学、重质量、重信誉、讲规则、讲安全等职业素养;学前教育专业学生爱岗敬业、自信严谨、多才多艺、活泼开朗、亲切自然,具有爱心、细心和耐心等专业素养。

高职校园文化建设因各校办学方向、办学理念以及地域经济社会文化差异,在建设内容上必然有所不同,但提高人才培养质量始终是高职院校的核心工作。广安职业技术学院在实施校园文化建设工程中,以不断提高高职办学质量为核心,围绕红色文化、职业文化、民族文化、川东文化、传统文化,"五元互动"展开校园文化建设,实现校园文化建设的五大特色,打造校园文化建设的多处亮点。

四、建设目标

立足现实,着眼长远,高举小平职业教育思想大旗,逐步形成"一个核心、五元特色、十项工程"的高职校园文化的建设体系,即:以提高人才培养质量为核心,打造校园文化建设五元特色,完成十项校园文化建设工程,实现校园文化建设与专业建设深度融合,提升学院文化软实力和核心竞争力。

(1)"五元特色":

①红色文化——崇先仰贤,思源致远;

②职教文化——问道明理,修文强技;

③民族文化——多元一体，包容和谐；

④传统文化——博采众长，弘扬文明；

⑤川东文化——汇珍集锦，传承民俗。

（2）十项校园文化建设工程：

①校园文化理论研究工程；②红色精神文化传播工程；③红色旅游文化服务工程；④小平职教思想研究工程；⑤职业道德文化建设工程；⑥企业职业文化培育工程；⑦民族和谐文化建设工程；⑧传统文化传承创新工程；⑨川东文化学习推广工程；⑩校园文化环境建设工程。

五、建设内容

重点建设内容分为红色文化、职教文化、民族文化、传统文化、川东文化五大方面，运用 CI 策划理论，通过互动的建设思路，打造五大文化品牌，形成五元文化特色，完成十项校园文化建设工程。

分项目一：校园文化理论研究工程

（1）开展校园文化理论研究，完成省级重点研究课题，发表数篇质量较高的校园文化理论研究学术论文；

（2）校园文化研究中心编写出版《五元互动的高职校园文化知识读本》；通过入学教育和校园文化公选课，举办校园文化学术讲座，普及校园五元文化知识；

（3）召开校园文化建设研讨会，总结校园文化建设经验，校园文化研究中心编写出版《广安职业技术学院校园文化概览》。

分项目二：红色精神文化传播工程

（1）涵养"思源·感恩"文化，唱响"春天的故事"，开展一年一度的"红色文化节"品牌活动，涵盖新生入学教育、军训与国防教育、"庆国庆·迎新生"文艺演出、红色电影展播、红歌传唱、参观小平故居及华蓥山红色教育基地等，传播民族精神与时代精神。

（2）"巾帼双娇"雕塑：双枪老太婆原型——校友陈联诗、邓惠中雕塑。

（3）理论研究：2014 年 7 月出版专著《邓小平青年时代》。

（4）实践活动：①教育教学：以社会主义核心价值观为指导，通过思想政治理论课，开展以"小平波澜壮阔一生、华蓥山游击队战斗历程、岳武起义英雄壮举"为主题的红色精神文化研讨与红色精神文化教育活动；②宣传阵地建设：利用公媒，推动红色文化精神宣传；③实践基地建设：建成校内外红色文化精神教育基地；④开展社会公益活动：社区服务、志愿者活动、慈善公益活动、大学生创业等，践行红色文化精神；⑤开展红色文化主题教育活动。

分项目三：红色旅游文化服务工程

（1）组织建设：成立广安红色旅游研究中心，邀请校内外行业专家指导工作；发挥学生社团"旅游协会"在红色旅游中的社会服务功能。

（2）理论研究：开展红色旅游理论研究，收集邓小平、华蓥山游击队邓惠中、陈联诗、岳武起义等广安名人的文献资料，探索广安红色旅游文化与校园文化建设融合的有效途径，为红色旅游文化进校园提供理论指导。

（3）实践活动：①利用广安红色旅游资源，使师生接受系统的红色旅游文化教育和熏陶；②与政、行、企、校合作，建设红色旅游实习实训基地，成立"广安红色旅游导游站"，为广安红色旅游业发展提供智力支持；③开发红色旅游纪念品。

分项目四：小平职教思想研究工程

（1）建成"碑林慧语"（小平教育思想语录）。

（2）成立"邓小平职业教育思想研究所"，建设一支优秀的研究队伍，积极申报各级科研项目，公开发表2－3篇研究论文。

（3）开展"实践邓小平职业教育思想，推进职业教育发展"征文活动；举办"三个面向与广安职业教育改革发展"研讨会。

（4）出版研究论文集《邓小平职业教育思想研究与实践》和专著《邓小平职业教育思想概论》。

分项目五：职业道德文化建设工程

（1）加强职业道德宣传教育

①通过思想政治理论课、职业道德法规、就业指导等课程，提高职业道德教育针对性和时效性，发挥其职业道德教育的主渠道作用。

②结合专业职业特点，深度挖掘不同专业、不同职业的价值理念，展开职业道德文化建设，培养师生忠诚、诚信、敬业、协作、廉洁、奉献的职业情操，

养成良好职业道德习惯，不断提升学生职业道德素养和就业竞争力。

③运用广播、LED、学报、院报等校内媒体加强职业道德宣传阵地建设，建立学子家园、学生创业网，提供职业道德教育的网上平台。

（2）加强职业道德教育

开展师德标兵和先进个人评比活动，开展职业道德讲座，举行道德楷模、师德标兵事迹报告会。

（3）广泛开展校企合作

深化校企合作，培育开发工学结合的系列文化育人项目，实现文化建设与专业建设融合。借助校企合作平台，开展职业道德与职业法律知识培训讲座，为企业职业道德文化建设提供智力支持，企业为学生职业道德养成提供锻炼机会。

分项目六：企业职业文化培育工程

（1）深入学习和研究企业文化

①选派相关人员到优秀企业体验、学习企业文化；

②邀请企业管理人员为校园文化建设出谋划策，学院选派优秀教师为企业文化建设建言献策，帮助广安地方企业打造企业文化；

③邀请企业一线优秀员工与相关专业学生座谈；

④借助校企合作平台，通过企业实训、顶岗实习，在真实环境中感受企业职业文化。

（2）学习优秀企业价值理念

通过优秀企业价值理念学习，培养学生职业意识：崇尚科学、团队协作、责任忠诚、服务奉献、竞争创新、契约诚信。

（3）开展形式多样内容丰富的职业文化活动

办好一年一度的"职业技能文化节"品牌活动：开展企业文化主题宣讲、团队合作训练、成功人士经验谈、就业创业讲座、社区实践活动、职业电影展播等企业职业文化活动；围绕专业建设，重点办好职业技能大赛和实习作品展。

（4）打造具有企业文化特色的实验实训室

按现代企业生产管理模式设计标志标牌，用工作理念、工作要求、制度规定仿真装点实验实训室，营造职场化、企业化工作情景。

分项目七：民族和谐文化建设工程

（1）办好一年一度的"民族文化节"品牌活动：涵盖民族文化图片展、民族风情摄影展、民族服饰展示、大型文艺活动、民族舞会等。

（2）建成民族文化墙：涵盖民族歌舞、民族服饰、民族文字、民族建筑等，表现"团结·和睦"主题。

（3）建成民族服装陈列室。

（4）课程建设：利用思想政治理论课、民族团结专题讲座和民族文化选修课等途径，加强民族政策宣传教育，用多元文化观点培养学生跨文化思维和交往能力。

（5）继续探索少数民族学生复合管理模式：形成学校管理、家庭管理、社会管理、自我管理有机联动的少数民族学生管理，促进校园和谐。

分项目八：传统文化传承创新工程

（1）建成传统文化艺术墙：涵盖国学经典、中国书法、篆刻印章、传统武术、中国茶艺、文房四宝等。

（2）文化活动

①办好一年一度的"传统文化艺术节"品牌文化系列活动。开展民族文化传统和民族精神教育；办好"学国学、讲礼仪"演讲比赛以及"爱祖国、诵经典"诗歌朗诵；开展书画比赛、民乐赏析、武术表演、茶艺表演、写春联送温暖；建好道德讲堂。

②办好传统节日庆典活动。以节日时间为序，开展清明追思与踏青、参与端午竞渡、组织中秋赏月等，让学生广泛参与、体验民族文化和民俗意境，提升学生对民族节日的认同感。

③办好社团文化节。进一步加强以传统文化为根基的萌芽书法社、园丁文学社、武术协会、贤麟棋社等社团的文化建设，建成精品社团。

分项目九：川东文化学习推广工程

（1）打造川东文化活动品牌"渠江论坛"

每两年举办一届"渠江论坛"：邀请川东文化研究者和民俗专家讲学、举办广安巴文化及渠江文化研讨会、邀请岳池曲艺工作者来院表演。

（2）建成川东文化走廊：涵盖广安历史沿革、古代文明、渠江文化、巴文化、农耕文化、民间艺术、文化名人、川东民居等。

（3）依托社会力量，共建川东文化陈列室。

（4）开展川东文化学习推广实践活动

①学习传播岳池曲艺：灯戏、清音、盘子等地方非物质文化；

②积极参与岳池农家文化节、华蓥山幺妹节、武胜嘉陵江国际龙舟节等地方民俗文化活动。

分项目十：校园文化环境建设工程

（1）从五元文化视角，不断改善、美化校园学习环境、办公环境和生活环境，营造良好的文化育人氛围。

（2）建设完善具有"五元文化"特色的校园十景：

①小平丰碑；②思源揽胜；③水润人和；④碑林慧语；⑤巾帼双娇；⑥传统奇葩；⑦民族瑰宝；⑧川东艺珍；⑨银杏葳蕤；⑩滨江景苑。

六、保障措施

（一）组织保障

学院成立以党委书记为组长，院长及其他院领导为副组长，各系、各部门负责人为成员的广安职业技术学院校园文化建设领导小组，全面推进建设工作。在领导小组的领导下，充分发挥相关部门的组织能力、决策能力、执行能力和创新能力，为实现校园文化建设目标提供坚强有力的组织保障。

（二）思想保障

学院定期组织全院师生员工深入学习国家、省市、学院关于文化建设的有关文件精神和要求，并就相关问题开展研讨达成共识，深化对校园文化建设思想、思路、目标、内容、进度、预期效果的认识；利用各种会议、讲座、报刊、标语、宣传栏、校园网和广播等多种方式，广泛宣传校园文化建设工作的重要性、必要性与相关要求，进一步增强执行校园建设规划的自觉性、主动性；组织教师参加国培、省培项目，更新高职教育理念，理解文化育人与职业素养的内在联系，明确公共基础课与专业课的相互融通的必要性等；通过请进来和走出去的方式，增加教职员工与外界交流的机会，学习了解其他院校的先进经验，更新高职教育观念，创新建设的思路和模式，为实施校园文化建设提供牢固的思想保障。

（三）制度保障

学院将制定《广安职业技术学院校园文化建设标准》，对课程设置、实习实训、文化活动、环境建设等文化育人环节进行指标细化，层层落实到人，引导学院文化育人的有效实施，实现人才培养质量的多元评价，成为学院治理体系的重要组成部分，为校园文化建设提供具有可操作性和可评价性的制度保障。

（四）经费保障

五年期间，学院将投入校园文化建设专项资金300万元，争取省级示范性高等职业院校建设项目经费500万元。学院将设立项目建设专项资金，作为综合预算的组成部分，纳入学院总体财务预算。加强对建设资金的使用与管理，保证经费管理到位。各项目建设在项目方案编制时，按年度制定项目建设的经费预算和年度使用计划。各项目建设小组及项目负责人在资金使用过程中，必须严格按照经费预算执行项目建设内容，项目资金专款专用，提高资金使用效益，保证项目资金产生最大效用。

（本规划由学院党委办公室供稿）

第八章

上下求索　开拓进取

在长期的校园文化育人实践中，围绕"一核三维五元"文化育人模式，我们孜孜追求，不懈探索，形成了一批理论研究成果，有力地指导了学院校园文化建设实践，现将部分成果收录于后，抛砖引玉，共同探讨。

邓小平对小康社会建设的历史贡献研究

王建平

内容提要：在党的十八大正式提出"全面建成小康社会"的特定历史背景下，重新回顾和分析邓小平小康社会思想的形成与发展，探讨邓小平对于中国建设小康社会的历史贡献，具有重要的现实意义。本文拟从以下几个方面对这一问题进行阐述：1. 邓小平首次提出并明确了"小康社会"基本概念。2. 邓小平不断丰富并完善了小康社会思想理论体系，包括他提出了小康社会的建设原则和标准，提出了"三步走"的发展战略，确立了市场经济体制作为小康社会建设的基本保证。3. 从方法论角度，分析邓小平小康社会思想对中国经济社会建设的借鉴与指导作用。

关键词：邓小平；小康社会；建设；贡献

邓小平是全党全军全国各族人民公认的享有崇高威望的卓越领导人，我国改革开放和现代化建设的总设计师，邓小平理论的主要创立者，他对中国经济社会的众多问题都进行了深入研究并发表了系列观点，深刻影响着中国经济社会发展的进程。特别是他对小康社会建设进行了广泛深入的思考并提出了一系列重要的思想和观点，丰富和发展了建设中国特色社会主义理论体系，为中国特色社会主义建设实践提供了生生不息的理论源泉。① 党的十八大报告中，首次明确提出"要准确判断重要战略机遇期内涵和条件的变化，全面把握机遇，沉着应对挑战，赢得主动，赢得优势，赢得未来，确保到二〇二〇年实现全面建成小康社会宏伟目标。"在此形势下，重温邓小平关于小康社会建设的思想，分析邓小平对于小康社会建设的历史贡献，无疑具有深远的现实意义。

一、邓小平首次提出并明确了"小康社会"的基本概念

"小康"一词，最早出自《诗·大雅·民劳》曰："民亦劳止，汔可小康"。意思是说老百姓太劳苦，也该稍稍得到安乐。西汉《礼记·礼运》篇分别阐述了"小康"和"大同"两种社会思想，"小康"进一步发展成为了一种社会状态，后其含义不断得到丰富和发展，到南宋学者洪迈《夷坚志·五郎君》中的"然久困于穷，冀以小康"，就指一种衣食无忧、比较宽裕的生活状态，其含义基本定型，并沿用至今。

邓小平的小康社会思想与中国传统文化有着渊源关系。② 他继承了中国传统文化中"小康"的部分含义，并对其进行创造性地改造和运用，赋予其科学内涵，用来专指已脱离贫困、但尚未达到中等发达国家水平的社会发展阶段。因为其取自于中国传统文化，大家耳熟能详，又易理解，一定程度上加快了"小康社会"思想的传播和普遍认同。

邓小平"小康社会"思想的提出，不是一时兴起，而是经历了反复的思考和酝酿。"小康社会"思想是伴随着邓小平关于四个现代化的思考和设想不断成熟的。1975 年 4 月，复出替代重病的周恩来主持国务院工作的邓小平，在会见美国众议院议长卡尔·艾伯特、众议院共和党领袖约翰·罗兹等人时说："我们这个国家还很落后。我们也有一些雄心壮志，看能不能在 20 世纪末达到比较发

---

① 刘春兰：《论科学发展观与邓小平小康社会发展观的关系》，载《前沿》，2011 年第 13 期。

② 卞敏：《论邓小平的小康社会思想》，载《南京政治学院学报》，2004 年第 4 期。

展的水平。所谓比较发展的水平，比你们、比欧洲的许多国家来说，还是落后的。我国人口多，有8亿人，人均国民收入还是很低的。想要达到你们和欧洲、日本的水平，至少要50年的时间，而到那时候，你们又发展了。"[1] 同年6月2日，他在会见美国报纸主编协会代表团时，又进一步描述了四届人大提出的现代化"两步走"发展目标和战略："总的说来，我们发展社会主义经济，建设国家，是按照毛主席的指示分两步走。第一步是用10年左右的时间，把中国的工业、农业、科学技术这些方面建成独立的比较完整的体系，使各方面都有比较好的发展。第二步是在这个世纪的末期达到现代化水平。所谓现代化水平，就是接近或比较接近现在发达国家的水平。当然不是达到同等的水平。在这个时期内还办不到，因为中国有自己的情况，首先是人口比较多。但还有25年的时间，我们有信心达到比较接近通常说的西方的水平。"[2] 邓小平所设想的中国的现代化，参照的是西方发达国家的水平，基本上是要达到西方发达国家的水平，他深知目标的重要性和任务的艰巨性。特别是在当时的历史环境下，提出向西方学习、向西方看齐面临着前所未有的阻力和困难。邓小平的智慧就在于他不是简单地提出一个概念、一个理论，而是先要为这个概念、理论的提出创造良好的思想和舆论环境。所以，他一复出工作不久，就提出要多派人出去看看，特别是去发达国家多看看，"看看人家的现代工业发展到什么水平了，也看看他们的经济工作是怎么管的。"[3] 1978年前后，在他的大力倡导下，我国先后派出多批经济代表团赴日本、西欧和美国等发达国家考察。邓小平本人也频繁地出国访问。这些出去考察的同志，看到发达国家的现代化水平，就愈发感到中国当时的落后，从而为邓小平同志"小康"思想和中国现代化建设理论的提出奠定了广泛的思想共识。

1978年12月党的十一届三中全会的召开，打开了中国改革开放的大门，经济建设开始成为重要任务；1979年4月召开的中央经济工作会议，确定了"调整、改革、整顿、提高"国民经济运行方针。邓小平深刻审视中国国情，不断

---

[1] 《邓小平年谱（1975 – 1997）》（上），中央文献出版社2004年版，第30页。

[2] 邓小平年谱（1975 – 1997）（上），中央文献出版社2004年版，第52 – 53页。

[3] 《邓小平年谱（1975 – 1997）》（上），中央文献出版社2004年版，第305页。

对"四个现代化"进行进一步的阐释和丰富，先后提出了"中国式的四个现代化""中国式的现代化"等建设目标，并说明了界定标准；1979 年 10 月 4 日，邓小平在省、市、自治区党委第一书记座谈会上，把"中国式的现代化"目标中的"人均收入"，进一步修正为国际上通用的"人均国民生产总值"的衡量标准。至此，"小康""小康水平"的提出就成了一个水到渠成的结果。1979 年 12 月 26 日，在会见日本首相大平正芳时，邓小平首次提出"小康""小康水平"。他就大平正芳所关心的"中国将来会是什么样""整个现代化的蓝图是如何构思"等问题，明确回答说："我们要实现的四个现代化，是中国式的四个现代化。我们的四个现代化的概念，不是像你们那样的现代化的概念，而是'小康之家'。到本世纪末，中国的四个现代化即使达到了某种目标，我们的国民生产总值人均水平也还是很低的。要达到第三世界中比较富裕一点的国家的水平，比如国民生产总值人均 1000 美元，也还得付出很大的努力。就算达到那样的水平，同西方来比，也还是落后的。所以，我只能说，中国到那时也还是一个小康的状态。"① 这种水平虽然不是很富裕，但"可以吃得好，穿得好，用得好"。②

邓小平当时不但提出了"小康"，也明确了"小康"的基本概念，主要包括以下两个方面："小康"是从发展社会生产力，消灭贫穷，提高人民生活水平着眼的，属于经济范畴；"小康"是"中国式的现代化"的最低目标，而不是"西方的现代化"。

二、邓小平不断丰富和发展小康社会建设理论体系

"小康"概念提出后，邓小平关于小康社会建设的思考并没有停止，而是继续探索，不断丰富其内容，推动小康社会建设思想理论体系的建立和完善。这个过程，主要包含以下几个方面：

1. 邓小平提出了小康社会的建设原则和标准

小康目标提出后，邓小平最关心的就是这个目标能不能按时实现的问题。

---

① 《邓小平文选》（第 2 卷），人民出版社 1994 年版，第 237 页。
② 《邓小平思想年谱（1975–1997）》，中央文献出版社，1998 年版，第 126 页。

1980 年，邓小平在《目前的形势和任务》中，第一次提出了把今后 20 年分为两个 10 年，分两步走、奔小康的战略设想。1982 年，他提出：我们第一位的任务是在本世纪末实现现代化初步目标，这就是达到小康水平，此后，"再花三十年到五十年时间，接近发达国家的水平。"① 随后召开的党的十二大，正式把邓小平的小康社会目标确定为今后 20 年中国经济的发展战略目标："从 1981 年到本世纪末的 20 年，力争使全国工农业的年总产值翻两番，即由 1980 年的 7100 亿元增加到 2000 年的 2.8 万亿元左右。"党的十二大后，邓小平围绕"什么是小康社会，怎样建设小康社会"等基本问题继续进行了深层次的调研和思考。1983 年 2 月，邓小平前往经济发展较快的江浙沪等地考察，反复询问和论证翻两番的可能性、人均 800 美元的标准是个什么水平等问题。3 月 2 日，回到北京后不久，他即约请当时的几位中央负责同志谈话，描述了他在江浙沪了解到的达到小康目标时的社会状况："第一，人民的吃穿用问题解决了，基本生活有了保障；第二，住房问题解决了，人均达到 20 平方米……第三，就业问题解决了，城镇基本上没有待业劳动者了；第四，人不再外流了，农村的人总想往大城市跑的情况已经改变；第五，中小学教育普及了，教育、文化、体育和其他公共福利事业有能力自己安排了；第六，人们的精神面貌变化了，犯罪行为大大减少。"② 这六条涉及小康社会政治、经济、文化、教育等方面基本状况的描述，后来被人们认为是最早提出的小康社会的六条标准。邓小平的小康社会理论由此初步形成。③

2. 邓小平提出了"三步走"的伟大战略

实现小康社会目标并不是邓小平小康社会思想的终点，他看得远，考虑得更远；他关心中国现代化的全面实现。早在 1981 年 9 月，邓小平在会见日本公明党第十次访华代表团时就说："实现四个现代化是相当大的目标，要相当长的时间。本世纪末也只能搞一个小康社会，要达到西方比较发达国家的水平，至

---

① 《邓小平文选》（第 2 卷），人民出版社 1994 年版，第 415 页。
② 《邓小平文选》（第 3 卷），人民出版社 1993 年版，第 24 - 25 页。
③ 中央文献研究室小康社会研究课题组：《小康目标的提出和小康社会理论的形成》，载《党的文献》，2010 年第 1 期。

少还要再加上 30 年到 50 年的时间，恐怕要到 21 世纪末。"① 同年 11 月，他在会见美国财政部部长唐纳德·里甘时进一步明确提出："在下个世纪再花 30 年到 50 年时间，接近西方的水平。"② 1984 年 10 月 6 日，邓小平在会见参加中外经济合作问题讨论会的全体中外代表时说："我们确定了一个政治目标：发展经济，到本世纪末翻两番，国民生产总值按人口平均达到八百美元，人民生活达到小康水平。这个目标对发达国家来说是微不足道的，但对中国来说，是一个雄心壮志，是一个宏伟的目标。更为重要的是，在这个基础上，再发展三十年到五十年，力争接近世界发达国家的水平。"③ 这是邓小平首次提出"翻两番""分三步走"的发展战略目标。1987 年 2 月，他将一直使用的"达到或者接近发达国家水平"进一步明确为"到下世纪中叶我们建成中等发达水平的社会主义国家"。④ 1987 年 4 月 30 日，邓小平在同西班牙政府副首相格拉会谈时说："我们原定的目标是，第一步在 80 年代翻一番。以 1980 年为基数，当时国民生产总值人均只有 250 美元，翻一番，达到 500 美元。第二步是到本世纪末，再翻一番，人均达到 1000 美元。实现这个目标意味着我们进入小康社会，把贫困的中国变成小康的中国。那时国民生产总值超过万亿美元，虽然人均数还很低，但是国家的力量有很大增加。我们制定的目标更重要的还是第三步，在下世纪用 30 年到 50 年再翻两番，大体上达到人均 4000 美元。做到这一步，中国就达到中等发达的水平。这是我们的雄心壮志。"⑤ 这是邓小平第一次比较完整地概括了从新中国成立到 21 世纪中叶 100 年间中华民族百年图强的"三步走"经济发展战略，表明邓小平已将原来提出的"分两步走"的设想发展成为"分三步走"的战略构想。1987 年党的十三大确认了这一发展战略，标志着邓小平小康社会思想体系的正式形成。

3. 邓小平不断丰富着小康社会思想内涵

1992 年 1 月 18 日至 2 月 21 日，当时已正式告别中央领导岗位的邓小平，

---

① 《邓小平年谱（1975－1997）》（下），中央文献出版社 2004 年版，第 769－770 页。
② 《邓小平年谱（1975－1997）》（下），中央文献出版社 2004 年版，第 785 页。
③ 《邓小平文选》（第 3 卷），人民出版社 1993 年版，第 77 页。
④ 《邓小平文选》（第 3 卷），人民出版社 1993 年版，第 204 页。
⑤ 《邓小平文选》（第 3 卷），人民出版社 1993 年版，第 226 页。

以普通党员的身份，凭着对党和人民伟大事业的深切期待，先后赴武昌、深圳、珠海和上海视察，沿途发表了重要谈话。在南巡讲话中，邓小平又进一步为小康社会思想赋予了新的内涵。首先，他坚持认为小康社会建设使命光荣，但任务艰巨。"如果从建国起，用100年时间把我国建设成中等水平的发达国家，那就很了不起！从现在起到下世纪中叶，将是很要紧的时期，我们要埋头苦干。我们肩膀上的担子重，责任大啊！"① 其次，他关于市场经济与计划经济的论述，为我国建立社会主义市场经济体制扫清了障碍，解决了实现小康社会目标的经济体制保证问题。再次，他给出了解决区域差异、实现共同富裕的时间表和解决路径："可以设想，在本世纪末达到小康水平的时候，就要突出地提出和解决这个问题。到那个时候，发达地区要继续发展，并通过多交利税和技术转让等方式大力支持不发达地区。"②

三、邓小平建设小康社会的方法论持续为中国经济社会建设提供借鉴和指导

在小康社会思想体系形成与发展的过程中，邓小平体现了作为一个政治家、理论家的认真、严谨、实干等固有的特质。邓小平坚持历史唯物主义的方法论，观察和分析中国的经济社会问题，不断为小康社会建设理论注入新的内涵，也指导并影响着中国小康社会建设和经济社会发展实践。

1. 视野开阔，注重学习与吸收

邓小平的小康社会思想，不是仅仅局限于中国之内解决中国问题，而是用世界眼光，在全球这个大环境、大市场中来考虑中国的建设与发展。邓小平很早就意识到，始于20世纪五六十年代的经济全球化浪潮，是一场深刻的革命，任何国家都无法回避，唯一的办法只有去适应、去学习吸收，并积极参与。1978年3月，邓小平在全国科学大会开幕式上的讲话中指出："独立自主不是闭关自守，自力更生不是盲目排外。科学技术是人类共同创造的财富。任何一个民族、一个国家，都需要学习别的民族、别的国家的长处，学习人家的先进科

---

① 《邓小平文选》（第3卷），人民出版社1993年版，第383页。

② 《邓小平文选》（第3卷），人民出版社1993年版，第374页。

学技术。我们不仅因为今天科学技术落后，需要努力向外国学习，即使我们的科学技术赶上了世界先进水平，也还要学习人家的长处。"① 1978 年 5 月 28 日，邓小平在会见外宾时说：关起门来搞建设，连世界是个什么样子都不清楚……现在提出在本世纪末实现四个现代化的目标，这当然有很多重要的条件作为根据，其中很重要的一条就是要把世界最先进的技术吸引过来，作为我们发展的起点。"② 邓小平深刻意识到，在当时的中国要实现小康目标、要建设小康社会，仅仅依靠自力更生是远远不够的。特别是他在出访西欧、美国、日本等西方发达国家后，更是亲身感知了当时中国的落后与差距。所以，他提倡并推动改革开放，要学习、引进发达国家的先进技术、资金和管理经验，是他说得最多的话题之一。邓小平指出，建设小康社会"我们要向资本主义发达国家学习先进的科学、技术、经营管理方法以及其他一切对我们有益的知识和文化。"③但是，他并不"媚外"，其小康社会思想则更多地强调了中国国情的特殊性，强调中国要走自己的路。邓小平指出："过去搞民主革命，要适合中国情况，走毛泽东同志开辟的农村包围城市的道路。现在搞建设，也要适合中国情况，走出一条中国式的现代化道路"④ 就拿"小康社会"这个词本身来说，小康目标虽然是参考西方发达国家水平提出来的一个发展目标，但用"小康社会"来特指一个社会发展阶段，则是植根于中华文化、中国国情的创新。1984 年，邓小平在同日本首相中曾根康弘会谈时讲到："翻两番，国民生产总值人均达到八百美元，就是到本世纪末在中国建立一个小康社会。这个小康社会，叫作中国式的现代化。翻两番、小康社会、中国式的现代化，这些都是我们的新概念。"⑤

2. 实事求是，注重调查与研究

实事求是是马克思主义中国化的理论精髓，它也是邓小平小康社会思想中最重要的特征。为掌握第一手资料，深刻了解中国国情，邓小平在小康社会思想的酝酿、提出和完善阶段，一直非常重视调查研究。正是他在复出后频繁出

---

① 《邓小平文选》（第 2 卷），人民出版社 1994 年版，第 91 页。
② 《邓小平思想年谱（1975 - 1997）》，中央文献出版社 1998 年版，第 65 - 66 页。
③ 《邓小平文选》（第 3 卷），人民出版社 1993 年版，第 44 页。
④ 《邓小平文选》（第 2 卷），人民出版社 1994 年版，第 163 - 164 页。
⑤ 《邓小平文选》（第 3 卷），人民出版社 1993 年版，第 54 页。

访西方发达国家，在了解发达国家现代化的真正状况的同时，也深刻感知了中国的落后。所以，他才提出用"中国式的现代化"，即到 20 世纪末达到"也还是一个小康的状态"替代了既定的"到 20 世纪末实现四个现代化"的发展目标。在提出实现"国民生产总值人均 1000 美元"的小康目标之后，向来尊重实际的邓小平又先后深入到陕西、四川、湖北、河南等地考察。经过实地调研，邓小平感到即使人均 1000 美元也是个非常艰巨的任务，较难实现，1980 年，他说："经过这一时期的摸索，看来达到 1000 美元也不容易，比如说 800、900，就算 800，也算是一个小康生活了。"① 1983 年 2 月，邓小平到江浙沪等经济发展较快的省份考察，当地经济的快速发展又让他对小康目标实现充满了信心；到 1985 年 10 月，面对全国上下经济发展的大好形势，他更是十分乐观地预见：20 世纪末小康目标"肯定能实现，还会超过一点"。② 因此，到 1986 年 6 月，他又把人均 800 美元调整为 800 至 1000 美元。此后，他一直沿用 800 至 1000 美元或 1000 美元的说法。③ 到 1992 年南方讲话，邓小平注重调查研究、坚持实事求是的品性又一次得到充分彰显。面对当时以经济改革为主的发展现象社会当中存在的姓"资"还是姓"社"的争论，邓小平说："计划多一点还是市场多一点，不是社会主义与资本主义的本质区别。计划经济不等于社会主义，资本主义也有计划；市场经济不等于资本主义，社会主义也有市场，计划和市场都是经济手段。"④ 邓小平的这一著名论断正是建立在他长期以来对中国经济社会发展变化的深刻了解上的，他清楚地知道"什么是社会主义、怎样建设社会主义"；而这与他注重调查研究是密不可分的。

3. 循序渐进，注重引导与实效

邓小平的小康社会目标是"一个动态的、开放式的发展目标"，⑤ 从易到难、由近及远的循序渐进思想贯穿于整个小康社会思想之中。首先，小康社会

---

① 《邓小平年谱（1975－1997）》（下），中央文献出版社 2004 年版，第 732 页。

② 《邓小平年谱（1975－1997）》（下），中央文献出版社 2004 年版，第 1093 页。

③ 中央文献研究室小康社会研究课题组：《小康目标的提出和小康社会理论的形成》，载《党的文献》，2010 年第 1 期。

④ 《邓小平文选》（第 3 卷），人民出版社 1993 年版，第 373 页。

⑤ 中央文献研究室小康社会研究课题组：《小康目标的提出和小康社会理论的形成》，载《党的文献》，2010 年第 1 期。

思想经历了由注重经济发展到强调社会全面发展的转变。邓小平最初的小康概念，基本是从经济角度出发的，他谈及最多的是"小康水平"，即究竟人均国民生产总值达到一个怎么样的水平，才算是小康。在经济发展过程中，邓小平也充分意识到了政治文明与精神文明协调发展的重要性。1986 年 1 月 17 日，邓小平在中央政治局常委会议上的讲话中指出："经济建设这一手我们搞得相当有成绩，形势喜人，这是我们国家的成功。但风气如果坏下去，经济搞成功又有什么意义？"① 邓小平坦承，中国经济、政治体制改革是一个长期的过程，在南方谈话中，他设想："恐怕再有三十年的时间，我们才会在各方面形成一整套更加成熟、更加定型的制度。在这个制度下的方针、政策，也将更加定型化。"② 其次，由"一部分先富起来"到"共同富裕"也是小康社会思想的重要内容。邓小平认为，追求"共同富裕"是社会主义方向，只有坚持社会主义，才能使中国绝大多数人摆脱贫穷落后状态，普遍过上小康生活。他深知这个任务的艰巨性，1985 年 3 月 7 日，邓小平说："我们奋斗了几十年，就是为了消灭贫困。第一步，本世纪末，达到小康水平，就是不穷不富，日子比较好过的水平。第二步，再用三五十年的时间，在经济上接近发达国家的水平，使人民生活比较富裕。这是大局。"③ 同时，他又充分尊重经济发展规律，提出了沿海地区先行发展、带动内地发展从而达到共同发展、相互促进的战略构想。他说："我们的发展规划，第一步，让沿海地区先发展；第二步，沿海地区帮助内地发展。"④ 最后，邓小平小康社会"分三步走"的战略是一个有显著特点的渐进的经济建设发展战略，指出小康社会建设要经历三个相互衔接、循序渐进的发展步骤，明确了小康社会建设的历史任务和奋斗目标。

4. 坚持"从实践中来，到实践中去"

邓小平小康社会思想的形成与发展，不仅仅是一个经济理论的从无到有。邓小平之所以伟大，就在于他不仅立足实际，不断思考、研究，提出经济社会建设理论，更重要的是用这些理论来指导实践，在实践中接受检验，真正做到

---

① 《邓小平文选》（第 3 卷），人民出版社 1993 年版，第 154 页。
② 《邓小平文选》（第 3 卷），人民出版社 1993 年版，第 372 页。
③ 《邓小平文选》（第 3 卷），人民出版社 1993 年版，第 372 页。
④ 《邓小平年谱（1975－1997）》（下），中央文献出版社 2004 年版，第 1253 页。

了"从实践中来，到实践中去"。小康社会思想形成于中国改革开放过程之中，又同时指导了中国改革开放实践。邓小平曾说："经验证明，关起门来搞建设是不能成功的，中国的发展离不开世界。"① 这是中国改革开放的理论基石。在小康社会思想的形成过程中，小康目标的提出是参考发达国家的标准，最终是要"达到或者接近西方发达国家的水平"；小康社会思想所提倡的"鼓励一部分先富起来""先富带动后富，最终实现共同富裕"又为中国持续、分批设立经济特区、开放城市，设立浦东新区等政策提供了很好的理论注解。即使在邓小平逝世之后，中国先后实行的"西部大开发""振兴东北老工业基地""社会主义新农村建设""经济新区建设""自贸区建设"等经济政策和经济实践，也不无继续汲取着邓小平小康社会思想的理论营养。

　　正是以上这些特质，才使得邓小平的小康社会思想具备了鲜活的生命力。从党的十五大提出的"两个一百年的奋斗目标"，到十六大进一步明确了"全面建设小康社会"的基本目标，并强调"这是实现现代化建设第三步战略目标必经的承上启下的发展阶段，也是完善社会主义市场经济体制和扩大对外开放的关键阶段"；从党的十八大首次提出"全面建成小康社会"到习近平同志"四个全面"的战略构想，都是对邓小平小康社会思想的丰富和完善。在当下特定历史条件，回顾和分析邓小平同志对于中国小康社会建设的历史贡献，不仅是对逝者的纪念，更重要的是从邓小平同志的伟大思想遗产中汲取营养、获取力量，指引我们以更科学的态度、更开阔的思维视野和更坚定的奋进精神，扎实推进全面建成小康社会的伟大实践。

　　（本文 2016 年 11 月收入《学习贯彻六中全会精神学术研讨会论文集》山东省社科院编）

---

① 《邓小平文选》（第 3 卷），人民出版社 1993 年版，第 78 页。

浅论"三个面向"教育思想与现代职教体系的构建

甘华银，杨英

（广安职业技术学院，四川广安 638000）

"三个面向"是邓小平教育理论的高度概括和最核心的战略指导思想，[1]它确立了我国教育改革与发展的全新价值取向，因而成为邓小平教育思想中最具原创性的核心内容[2]。"三个面向"教育思想所具有的深刻内涵。

一、"三个面向"教育思想的内涵

（一）教育要面向现代化

教育面向现代化是"三个面向"教育思想的基础与核心，它包括以下两层含义：

（1）教育在发展战略方向上必须面向现代化，坚持以经济建设为中心，并能直接为经济建设和社会发展服务。邓小平曾指出，"我们要掌握和发展科学文化知识和各行各业的新技术新工艺，要创造比资本主义更高的劳动生产率，把我国建设成为现代化的社会主义强国，并且在上层建筑领域最终战胜资产阶级的影响，就必须培养具有高度科学文化水平的劳动者，必须造就宏大的又红又专的工人阶级知识分子队伍。"[3]而这一目标必然要通过教育来实现，也只有通过各种形式现代教育，才能培养出适应现代化建设需要的各种专业人才。

（2）教育面向现代化还包括教育自身的现代化。教育只有自身与时俱进地实现了现代化，才能更好地为国家各个方面的现代化建设培养出更多更好的人才。因此，邓小平多次反复强调要把教育工作摆在与经济工作同样重要的地位，各级领导要像抓经济工作一样抓教育工作。教育自身的现代化至少包含以下诸因素的现代化：教育设施、教育师资、教育内容、教育方式和教育体制机制等因素的现代化[1]。

（二）教育要面向世界

教育要面向世界，强调的是中国教育与世界教育之间的关系。邓小平的这一教育思想具有很强的唯物辩证法，那就是联系的哲学观。中国的教育要发展必须学习和借鉴世界先进的教育思想、管理方法、技术手段，认清并适应世界教育改革和发展的总趋势，打破传统教育的保守性，加强国际间的交流与合作；同时，在吸收和借鉴世界先进教育经验的基础上，必须通过自身的改革和发展，建设有中国特色的社会主义教育体系并使之逐步达到世界先进水平。

"教育要面向世界"这一教育思想具有两层特性，一是教育必须具有"开放性"，要打破传统教育闭关自守的狭隘性和封闭性的模式。邓小平指出，"独立自主不是闭关自守，自力更生不是盲目排外。科学技术是人类共同创造的财富……我们不仅因为今天科学技术落后，需要努力向外国学习，即使我们的科学技术赶上了世界先进水平，也还要学习人家的长处。"[3] 因此，教育要面向世界这一思想的核心本质就是教育的开放性。

二是教育应当具有"交流性"，教育要面向世界就要积极加强国际交流，促进教育事业的健康发展。教育的交流有两种方式，一方面要"请进来"，通过"请进来"的办法，把外国人请来参加我们的重点建设以及各方面的建设，办教育，搞技术改造，"我们要请外国著名学者来我国讲学。同中国友好的学者中著名的学者多得很，请人来讲学，这是一种很好的办法"[3]；另一方面，还要"走出去"，通过派人出国留学等方式，及时了解国外的学术动态和科技发展动向，推动中国教育改革进一步深化，同时也通过"走出去"，让世界更为充分地了解中国。

（三）教育要面向未来

教育要面向未来，是指中国现代教育与未来发展之间的关系。教育总是为未来培养人才，因此，教育必须要面向未来，并充分发挥教育为未来经济、社会发展的服务功能。教育要"面向未来"的本质属性就是教育发展的可持续性和前瞻性。

教育要面向未来，同样也包含两层意义：一是教育要为科技的高速发展打下坚实基础。邓小平指出："现在世界的发展，特别是高科技领域的发展一日千里，必须一开始就参与这个领域的发展。"二是教育本身就属于未来的事业，所谓"十年树木，百年树人"，教育效益显示的滞后性决定了教育规划、计划安排的超前性。这就要求教育规划的编制、教育体系的构建必须兼具超前的战略性，其核心就是要重在培养学生具有可持续发展的发展能力。

二、"三个面向"教育思想与现代职教体系的构建

坚持"三个面向"教育思想，对于现代职业教育工作者解放思想、更新观念、大胆创新有着十分重要的启迪意义，并对中国现代职业教育体系的构建具有如下的重要价值：（1）教育要"面向现代化"对当代中国职业的教育发展有着重要的指导价值；（2）教育要"面向世界"对当代中国职业教育的开放式发展有着重要的启迪价值；（3）教育要"面向未来"对当代中国职业教育的可持续发展有着重要的导向价值。[4]具体到中国现代职业教育体系的构建上表现为以下三个方面：

（一）坚持"面向现代化"，建立适应市场需求的职业教育体系

在经济领域，现代化很大程度上体现为产业化。所谓职业教育要适应需求，就是不断适应经济发展方式转变、现代产业体系建设和人的全面发展要求，遵循技术技能人才成长规律，实现各级各类职业教育的科学定位和布局。

一般而言，普通教育通常按学科分类而设，且强调宽泛性、融合性、稳定性和宏观性。而职业教育的专业设置却有自身特色，它不是针对学科，而是针对职业（专业）岗位或岗位群的，职业岗位不像学科那么相对稳定，而是千变万化、日新月异的。因此，职业教育专业设置更具实用性、针对性、及时性和灵活性等特点。

进一步讲，职业教育的专业设置和教学内容必须根据经济、社会发展需要而进行合理设置，强调社会需要"我"干什么，而不是"我"能干什么，也就是必须以社会发展需求为驱动：要针对地区、行业经济和社会发展需要，按照技术领域和职业岗位的实际要求设置和调整专业。因此，职业教育举办者要针对人才市场需求状况搞好社会调查，并在对市场调查资料进行科学分析和论证之后，再决定设置和调整哪些专业。

另一方面，现代职业教育要面向现代化，还必须加大对职业教育的投入。在职业教育设施、职业实训设备、职业教育方式方法等方面实现职业教育自身的现代化，方能培养出适应现代市场需求的现代职业人才。

（二）坚持"面向世界"，建立"多元立交"的职业教育体系

所谓"多元立交"的职业教育体系，是指现代职教体系并非孤立封闭的学

校教育体系，而是在开放的构建模式下，实现政府、行业、企业、职业院校联动参与，国内职业教育与国际职业教育相互交流，推动职业教育与普通教育、继续教育相互沟通，形成全日制教育与非全日制教育并重、学历教育与非学历教育并行交叉的职业教育人才培养"立交桥"。

教育要面向世界的本质就是教育的开放性。根据《国家中长期教育改革和发展规划纲要》，我国现代职教体系的构建应注意以下几个方面：

首先，现代职业教育体系的构建必须坚持以人为本，面向全体劳动者，突出技能特色，促进发展的公平，把建设"人人有技能的社会"作为其建设目标。同时作为我国现代教育体系的重要组成部分的现代职业教育体系的构建，还必须以终身教育思想为依据，与国家终身教育体系和国民教育体系建设相协调，使所有人在一生工作的各个时期都能与继续教育有效衔接，实现工作与学习的相互交替，尽可能满足所有人不同的业余学习爱好和退休后的学习需要。因此，必须不断探索职业教育的终身学习模式，为人们在职前与职中、在岗与待业的各种类型职业教育转换提供支持和保障。

其次，建立现代职业教育体系就需要积极探索中职、高职和应用型本科院校之间的专业和课程教学的有效衔接，促进高职与中职统筹协调发展。这就要求从政府层面实施中高职一体化管理，中高职衔接需要营造"一体化"管理政策环境、共建职业教育集团，创新集团化职业教育发展模式。合理规划和设计中职、高职教育的培养目标、岗位群、职业能力和职业素质大纲，做到试点专业的中职教育教学目标要求和高职教育教学起点的衔接、贯通，高职教育教学目标要求和应用型本科教育教学起点的衔接、贯通，使中职、高职、应用型本科三级职业教育层次在培养目标、课程体系、岗位能力和素质方面形成有序的阶梯式发展。高职院校全日制教育、成人业余教育和远程教育应当能够相互转换。只有实现多种类型和层次的职业教育开放并存，如高职和中职，职前和职后教育，学历和非学历教育，学历证书教育和职业资格证书教育，且各类职业教育互相衔接、互相沟通、互为补充，才能真正构建现代职业教育体系。

最后，构建现代职教体系，还应充分调动行业和企业参与职业教育办学和管理的积极性，改革办学模式，鼓励职业院校以专业和产业为纽带，与行业、企业共建职业教育集团，扩大职业院校开展集团化办学的自主权，鼓励和支持职业院校开展与行业、企业和其他院校的多样化合作。引导行业、企业和社会力量参与职业教育，鼓励共建共享职业教育资源。

（三）坚持"面向未来"，促进中国现代职业教育的可持续发展

职业教育不仅要解决中国当前现代化建设急需解决的问题，而且还应着眼长远，实现中国职业教育的可持续发展。为此，构建现代职教体系应当注意以下几点：

第一，树立终身职业技术教育理念。一个国家和地区要使社会经济可持续发展，就要不断进行产业结构的调整，从而使人们职业和岗位变动频繁，许多传统职业在社会上消失，同时新的职业不断涌现，现代职业衰退周期越来越短，职业生涯的易变性愈益明显。只有终身接受职业技术教育，才能使每个人更好地迎接社会变革的挑战。终身学习和培训才是通向未来的桥梁。

第二，开展全民职业技术教育。这是积极发展社会事业和构建和谐社会的重要举措，是增强社会凝聚力的一个重要手段，也是减少贫富差别和保持社会安定的有效措施，它有助于人们获得消除贫困、提高生活质量所必需的基本知识和技能，有助于增强人们的就业能力、自我创业能力，有助于减少失业和社会排斥现象。

第三，增强职业技术教育服务能力。只有通过高质量的职业技术教育和培训，才能持续不断地开发人力资源，才能增强劳动者的可持续发展能力，才能更好地为经济结构调整和技术进步服务，为促进就业和再就业服务，为现代农业、农村和农民服务，为推进西部大开发服务，为振兴老工业基地服务。

第四，大力推进技术教育创新。要探索职业技术教育投资主体多元化为特征的产权制度创新；以适应劳动市场资源配置规律并按照劳动力市场的动态变化，确定人才的培训内容、数量、质量、结构而进行市场创新；要不断坚持以完善职业资格证书制度来保证职业技术教育质量的管理创新；要以掌握先进适用的科学技术为教育目标，以不断提高教师教育教学能力和水平为手段，以适应经济结构调整设置专业为平台进行职业技术教育的技术创新；坚持职业技术教育的产品创新，培养出具有较强的就业能力、职业能力和自我创业能力的人力资源。

第五，加强各部门间合作。职业技术教育涉及教育、就业和产业部门。如

果各部门间协调不力，将影响职业技术教育政策的制定和实施。因此，必须加强各部门之间的密切合作已成为各国职业技术教育改革和发展的重要保证。

三、结语

"三个面向"教育思想是一个辩证统一的整体，相互联系、相互渗透、密不可分，且各有侧重，分别强调了教育的经济性与实用性、开放性和交流性以及教育要在时间上的前瞻性。邓小平从时空上打破了就教育论教育的框框，拓展了中国现代化教育的内涵。[5]三个面向教育思想为中国现代职业教育体系的构建与发展奠定了坚实的理论基础。因此，构建现代职业教育体系必须以"三个面向"教育思想为指导，以经济发展为中心，学习借鉴他国先进的职教理念，创造性地构建具有中国特色的现代职业教育体系。

参考文献：

［1］秦建坤：《邓小平"三个面向"教育思想研究》，安徽大学硕士学位论文，2007 年。

［2］邹放鸣：《"三个面向"是邓小平教育思想的核心》，载《中国矿业大学学报（社会科学版）》，2004 年第 3 期。

［3］邓小平：《邓小平文选》第 2 卷，人民出版社 1994 年版。

［4］韩振峰：《"邓小平'三个面向'教育思想的当代价值"》，载《探索》，2005 年第 6 期。

［5］陈颜：《"论邓小平'三个面向'的教育改革指导思想"》，载《西南民族学院学报》，1999 年第 1 期。

时时勤拂拭，莫使惹尘埃

——基于 6S 理论的高职廉洁文化教育探索

赵军

古人云："不受曰廉，不污曰洁"。廉洁文化教育作为高职学生走向职业生涯前道德教育的必修课和岗前培训，对其正确的人生观、世界观、价值观形成，有着重要的作用。因此，高职学生作为"新四化"建设主力军，公职人员的后备力量以及未来的新市民，其价值取向，关系着民族的兴衰、国家的兴盛。培养和牢固树立他们崇廉尚洁的意识，通过精神引领和思想升华，在修身、践行中培养他们廉洁的操守，使之成其人生坐标的重要支点，意义不言而喻。

最近，中央提出了"照镜子、正衣冠、洗洗澡、治治病"的群众路线教育工作总要求，旨在通过此举，提高广大党员干部自我净化、自我完善、自我革新、自我提高的能力。基于此，本文试图通过由此及彼的思路，针对未来建设者——高职学生的人格养成，通过他们熟悉的管理文化——①6S 管理理念，借鉴运用他山石的原理，将企业文化与廉洁文化教育有机结合，形成合力，通过一系列具有自洁功能的正强化，以期实现心正身修的育人效果和崇廉尚洁的价值引导，增强防腐拒变的"免疫力"，最终实现让廉洁成为高职学生的价值认同和价值遵循。

一、他山之石，可以攻玉

6S 理论作为现代企业一种行之有效的管理法宝，被广泛地运用于现场管理，通过整理、整顿、清扫、清洁、素养、安全 6 个环节，实现了场物的明朗化、工作的标准化、行为的规范化。它通过价值观和方法论的引导，注重提高劳动者的责任心和规则意识，以实现安全目标和人的素质全面提升。纵观 6 个环节，各有侧重：整理重在区分需要品和不需要品，提倡保留有价值的东西和不持有的理念，学会舍弃；整顿侧重于通过定点定位，规范放置，以及一目了然的标识提醒，实现找寻目标一步到位、少走弯路的效果；清扫则是重在清扫工作环境，以反复地打扫和不停地发现、整改问题，防止污染的发生；清洁则是制度化、规范化、标准化的过程，重在干净环境的保持和巩固；素养作为 6S 的核心，它强调的是调动人的主观能动性，形成劳动者自觉遵守规则的习惯，并将习惯固化，最终成为一种行为自觉；安全则是一切工作的出发点和落脚点，用发现问题的眼光不断地自查和排危，防微杜渐，消除隐患，确保工作目标的圆

---

① 6S 指整理、整顿、清扫、清洁、素养、安全六个环节。

满实现。总之，实现 6S 的过程即是自洁和规范的过程，通过治多、治乱、治脏，在反复的自我洁净中，养成习惯，提升素质，这正好与高职生廉洁教育的实施过程和培养目标契合。

二、有的放矢，因材施教

高职生的廉洁文化教育如何避免空洞说教而可学易学，6S 管理理论提供了可操作的理论切入点。依据因材施教和循循善诱原则，首先进行学情分析，不难发现高职生的共同特征是思想单纯、包容善良、热爱劳动、善于合作、集体荣誉感强，而学习方法欠佳、基础不牢、行为养成有待提高，但非智力因素、自我社会定位和自我动手能力并不逊于本科生。其次，进行学习过程和成长环境分析，高职院校一直坚持的校企合作和工学结合的模式，使其培养对象长期置身于企业化的仿真情景和真实的工作环境之中，潜移默化地培养着学生团结协作、责任忠诚、勤廉敬业、契约诚信、恪守规则的职业意识。6S 理论中对操作规程、安全警示、管理制度、工艺流程的展示，着装规范、导示系统、紧急疏散安全图的规范介绍等无不影响着他们的行为规范和职业素养的形成。因此，结合高职生的专业特点和成长规律，6S 理论无疑为我们有的放矢开展廉洁教育提供了一个科学的理论支撑。

古人云："身是菩提树，心如明镜台。时时勤拂拭，莫使惹尘埃"。前人经常性地修身自律、存正祛邪，与现代人以问题为导向，发现和分析问题，最终解决问题的 6S 理论相接驳，这无疑为我们探索廉洁教育找到了更好的思想方法。因此，应抓住廉洁教育与 6S 理论的关联点，探索廉洁教育的新形式，通过岗前培训，使学生在未入职前学会思想上判断、行动上明辨，将崇廉尚洁作为一生的价值追求。

整理的过程，就是教会学生用正确的价值观，学会判断，懂得取舍。在多元思想的影响下，面对纷繁复杂的观念、文化和多种诱惑，通过内心的修炼，学会辨别，明白事理。用现代提倡的不持有的生活态度加强意识形态的引导和管理，清除杂念，轻装上阵。执着地保留有需品——符合人生追求的道德目标，道德人格以及责任、正义、清廉、节俭等，聚合正能量，不失内心信念和原则的坚守，实现见理明而不妄取的自律境界。同时抛弃制约前行的不需品，慎思慎独，自觉清除心灵深处于道德相悖的不洁因素，诸如贪欲、利己、见利忘义等，秉承古人反躬自省，"吾日三省吾身"的思想，自重、自省、自警、自励，时时清理成为负担、阻碍前行的欲望，自我约束、自我克制，自觉弘扬中华民族传统中以义制利、清廉有为的精神，审时度势，见微知著，不贪得，不受污，在激浊扬清中，增强价值判断力。

传统蒙学教材《弟子规》在谈到养成良好习惯时说"置冠服，有定位，勿乱顿，致污秽"，正好与整顿的内容相吻合。所谓整顿的过程就是掌握方法论，其要义有二：一是定位。树立规则意识，不越位，即古人强调的"君子思不出其位，德不逾闲"。像物品必须定点放置一样，做到在思想上不放纵、不逾矩，恪守规范，即用党纪国纪和道德约束自己，以形成内在的"定力"，在制度、法则框架下立身行事。二是提醒。对照准则，常照镜子，找到差距，像醒目的物品标识一样，营造清廉文化的氛围，时刻绷紧廉洁自律的弦，通过正面廉洁典型的学习，见贤思齐；反面不洁行为的警示，见不贤而内自省。所谓的"以人为镜，可以明得失"，时刻警醒自己，勇于正视自己的缺点和不足，整理仪容，树立形象，培养遵纪守法的定制思维，常敲敬畏法纪的长鸣之钟。

清扫即是教会学生干事创业的责任心，关心和爱护物品，发现物品问题，及时检点修复。这一过程，就像母亲给婴儿洗澡一样，一要清洁，二要在清洁的过程中发现孩子身体的问题，迅速处理，以确保其健康成长。这给我们的启示是，廉洁教育，重在通过正面教育引导，学生时时检查自己的修为，用问题导向的方式——即批评与自我批评，正视缺点，对思想行为上的积弊主动大排查、大扫除。正如毛泽东同志强调的那样："我们同志的思想，我们党的工作，也会沾染灰尘的，也应该打扫和洗涤"。近日，习近平同志指出，批评与自我批评是清除党内政治灰尘和政治微生物的重要武器。因此，将批评与自我批评作为防身治病的手段，用洗洗澡的方式，发现问题，清身洁体，洗涤灵魂，清扫欲望，方能行止有度。

清洁本指在重复不断的整理、整顿、清扫后应有的状态，即保持经常性的美观状态。由此及彼，廉洁教育就是通过反复的正能力传递，经常性的教育提醒，自觉的反躬自省，时刻的内心修炼，实现清廉价值观的传递与渗透，通过思想灵魂的洗礼，与学生内心天成的积极向上、崇廉尚洁的禀赋相融合，将不断的清扫思想垃圾变成一种自觉行动，通过审问、慎思、明辨、笃行，最终内化成一种健康的人格和符合核心价值观的人生态度。

在此前提下，上好高职学生廉洁教育课，帮助他们能动地清扫思想灰尘，去污除菌，始终保持慎终如初的状态，以良好的素养进入职场，为他们克己修身，懂得敬畏，守住底线，以浩然之气保持尚廉操守，打下坚实的思想基础。

三、以立为主，崇廉尚洁

我们知道，理论是行动的先导。如何在科学的 6S 理论指导下开展廉洁文化教育，需要育人者创新方式、大胆探索。其一，教会学生围绕社会主义核心价值观，用正确的道德判断，形成有正能量的道德追求，即先立。其二，还应掌握好分寸，学会破。教育实践证明，对于人生观、世界观、价值观正在形成的高职学生，课堂上不宜过多地通过反腐警示教育去针砭时弊，以避免学生产生在社会认知和价值判断方面的偏差，而应通过丰富多彩的形式，在立上下功夫，从广义上挖掘廉的内涵，其度的把握考验着施教者的责任感。当然高职院校也不是象牙塔，高职学生同样是社会的细胞，对社会现状的分析，对违法成本的认识是需要在成长的历练中、职场的实践中冷静研判，客观分析，在义利取舍中、法纪的守悖里学会判断，学会坚守，形成良好素养。其三，中华廉洁文化教育内涵丰富，博大精深，它涵盖清廉、义利、节俭、诚信、责任等诸多内容，因此，在廉洁教育的实践中，必须自觉探索学生喜闻乐见的教育形式，避免坐而论道。

总之，廉洁思想的形成，道德修养的提高，绝非一日之功，只有坚持不懈地抓好思想道德建设，持之以恒地进行系统而经常化的廉洁教育，在学生入职前打上廉而洁的深深烙印，并点亮他们心中的明灯，久久为功，方可培养入职后廉而正的公仆情怀，自觉践行"政者，正也"的古训，做到以知促行，以行促知，知行合一，真正成为中国特色社会主义建设的可靠接班人。

附：

广安职业技术学院崇廉尚洁三字谣

蓬中麻，能自直，常洁身，近朱赤。

四君子，有气节，松竹梅，傲霜雪。

朗日月，清水净，行端正，重品性。
讲礼义，知廉耻，固四维，不停滞。

广职院，诸后生，性虽善，待教成。
玉不琢，不成器，岗前训，应铭记。
功崇志，业广勤，简而廉，正则清。
身常思，邪常除，似寒梅，有傲骨。

览前贤，家与国，有邓公，倡廉洁。
明法纪，树清风，弘正气，载史册。
广安府，有传承，仰先贤，重耕读。
华蓥魂，思源情，颂英名，照汗青。

众学子，故里行，耳濡染，当沐熏。
百花潭，荷莲净，老井水①，可澄心。
清风林，不染尘，有慈竹，挺傲骨。
强修身，练品性，勿懈怠，勇践行。

尚学习，须谨记，学养识，当思齐。
内审心，外正容，常自警，不放松。
学愈博，思愈远，清如许，常思廉。
博于文，约以礼，身方正，自成蹊。

临大利，不易义，有操守，须自励。
道与义，人心归，成于思，毁于随。
居其利，思其义，行不端，必自毙。
公义明，私利息，义当先，薄云天。

---

① 百花潭、老井水、清风林均为小平故居著名景点。

静修身，俭养德，品端直，行有格。
一箪食，思不易，一豆羹，当珍惜。
物力艰，崇节俭，倡素朴，记心田。
成由俭，败由奢，勿攀比，葆本色。

立其诚，养其信，取有道，唯德馨。
言必信，行必果，人悖道，皆蹉跎。
诚无垢，信不辱，循规则，德方固。
富与贵，人之欲，诚为本，讲信誉。

明其责，严把关，担道义，重泰山。
任而重，识大体，道亦远，顾大局。
负使命，坚信心，求索路，须弘毅。
业宜勤，贵在行，家国事，总关情。

公生明，廉生威，常自警，存敬畏。
行中正，不逾矩，是与非，明辨析。
源因洁，流便清，宜自省，记分明。
泥沙下，鱼龙杂，海天阔，浪淘沙。

贱贪婪，贵廉洁，重修养，抗诱惑。
知荣辱，守六慎，固底线，讲分寸。
一慎始，练内功，起好步，方善终。
再慎微，重小节，千里堤，溃蚁穴。
三慎好，广见闻，养情趣，品自高。
四慎交，善结友，重情义，肝胆照。
五慎欲，严自律，手莫伸，奉法纪。
六慎独，似修合，有天知，勿疏忽。

此六宝，当记牢，勤拂拭，勿自傲。

致青春，风华茂，心常惬，品自高。

千帆发，万木春，中国梦，待后生。

书声琅，成栋梁，沐春风，满庭芳。

2013 年以来，广安市纪委开展了廉洁文化进校园系列活动，配合其开展的"广土安辑"工程，结合 6S 企业管理理论的学习，在触类旁通中，由管理的 6 个环节联想到人的自律和素养的提升，以期做到正己修身，廉洁自律。

（本文载于赵军编著的《校园文化建设概览与实务》，西南交通大学出版社 2015 年版）

社交媒体背景下大学生公民素养的培育研究

赵俊峰

现代社会从本质上讲就是公民社会，培养合格公民是世界各国国民基础教育的一个重要目标。[①] 党的十七大报告明确指出要"加强公民意识教育，树立社会主义民主法治、自由平等、公平正义理念"。大学生作为未来社会发展的中坚力量和建设群体，其公民素养的培育与提升对整个社会形态的走向意义重大。大众媒体在促进公民意识的觉醒、推动公民素养的提升、培育公民社会的形成上一直发挥着重要的引导作用。特别是近年来社交媒体的快速发展，对作为社交媒体主要使用群体的大学生的公民素养的培育产生着方方面面的影响。在社交媒体大背景下，探讨如何有效加强大学生公民意识教育，推动大学生公民素养发展提升，有着十分重要的理论和现实意义。

[①] 郭改玲：《新媒体语境下大学生公民意识的培育》，载《中国成人教育》，2013 年第 22 期。

一、当代大学生公民素养的基本内涵

公民素养的内涵众说纷纭，在一些研究中，将公民素养等同于公民意识①，有些从民主的角度，将公民素养界定为维护自身权利的意识和为维护这种权利所必须具备的条件②；具体到大学生公民素养，有的学者将大学生公民素养分为公民意识与公民能力两部分③，有的将其归结为科学文化、法律、道德方面的素质④，有的则从精神、品格等层面对其表现进行描述和界定⑤。其实，究其根本，公民素养就是指公民从事公民活动的行为能力以及实现这些能力所需具备的条件。具体到大学生，所谓公民行为能力主要指以下几种能力：

正确表达自身诉求的能力。话语是利益表达和诉求的十分重要的方式，表达自身诉求归根到底就是拥有话语权。在现代社会，话语权是重要的政治、文化权利之一。吉登斯指出："在现代国家的场景中，至关重要的是，不同群体以话语方式形成表达其利益的政策或方案的能力，并在公共领域中开辟出宣扬这些政策或方案的空间。"⑥ 对大学生而言，正确表达自身诉求是体现其作为公民拥有公民行为能力的重要标志。

合理维护自身权利的能力。作为一个国家的公民，就意味着他拥有了应有的权利。在现代社会，权利是一种社会关系和社会地位的体现。就大学生而言，拥有包括选举权与被选举权、对所在大学教育教学工作建议与监督权、依法结婚生育、对处分或者处罚进行申诉等多项权利，大学生在这方面的公民行为能力，不仅包括应该知道自己享有哪些权利，而且应当知道如何行使这些权利，特别是当这些权利受到损害时，如何正确而有效地维护。

---

① 见张民省：《公民素质与公民教育》，载《理论探索》，2007 年第 1 期；曲丽涛：《公民意识与制度公正》，载《兰州学刊》，2009 年第 9 期等。
② 杨明伟：《民主与公民素质》，载《行政论坛》，2009 年第 5 期。
③ 李怀杰：《当代大学生公民素质教育探究》，载《思想教育研究》，2010 年第 10 期。
④ 石清云、孙艳洁：《青年大学生优秀公民素养内涵、特征及提升路径研究》，载《湖北社会科学》，2015 年第 6 期。
⑤ 黎明艳：《大学生优秀公民素养内涵及提升路径研究》，载《中国青年研究》，2015 年第 6 期。
⑥ ［英］安东尼·吉登斯：《民族——国家与暴力》，生活·读书·新知三联书店 1998 年版，第 255 页。

有序参与公共事务的能力。在党的十七大报告中指出，要"从各个层次各个领域扩大公民有序政治参与"，这是国家层面对每个公民参与公共事务的指导性意见，意味着国家将为扩大公民参与权创造充分条件。作为当代大学生，作为公民参与权的具体体现就是要具备积极、有序参加社会公共事务的能力，这种能力包括道德要求、理性判断、法治素养等许多方面，需要大学生在日常学习和生活中，经常性参与社会管理和公共事务，提高公共事务参与能力和水平。

大学生要达到或实现这些公民行为能力，则需具备以下条件：

意识条件。大学生从事公民活动的行为能力所需具备的意识条件就是公民意识，包括成员资格意识，权责意识等，主要是指大学生对国家有归属感，认同社会的主流文化与价值观；清楚地知道自己享有什么权利，且知道如何行使与保护权利，同时，也深知自己作为公民在社会交往、国家发展、自然环境等方面所承担的义务与责任；社会与文化的认同感，对自身作为公民所享有的权利以及所承担的义务与责任的认识。

知识条件。光有公民意识显然是不够的，大学生要行使好自己的公民权利，履行好自己所承担的责任与义务，掌握相当知识，具备一定的科学文化素养是应有之义。这就要求大学生不仅要学专业、学书本，还要多学习一些公共知识，包括法律知识、科技知识、人文知识等。在社交媒体迅速发展、日益繁荣的今天，大学生具备一定媒介知识，能正确使用各类媒介进行信息传播与交流活动，也是决定其能否行使公民行为能力的重要条件之一。

二、社交媒体对大学生公民素养培育的影响

社交媒体（Social Media）也称为社会化媒体，它最早是由安东尼·梅菲尔德（Antony Mayfield）于 2007 年在一本名为《什么是社会化媒体》（what is social media）的书中提出的。[①] 随着媒体技术的发展，社交媒体的形式和特点也随之发生变化，对于社交媒体也会有新的理解和界定。目前来看，社交媒体主要是指基于 web2.0 技术建立的网络互动应用，允许用户自己进行内容生产与交

---

① 曹博林：《社交媒体：概念、发展历程、特征与未来》，载《湖南广播电视大学学报》，2011 年第 3 期。

换。社交媒体与传统媒体的最大不同在于它彻底改变了传统媒体一对多的传播方式，变为了多对多的互动对话方式。它能够给予用户极大参与空间，不仅能够满足网民个人基础资料存放的需求，更重要的是能够满足用户"被人发现"和"受到崇拜"的心理感受需求，能够满足用户"关系建立"和"发挥影响"的需求。① 从媒介形态看，目前的社交媒体主要有：即时通讯工具（国外的Whatapp、Snapchat，国内的微信、QQ等），博客及微博（如国外的Twitter，国内的新浪、搜狐、腾讯博客或微博等），协同编辑网站（如国外的Wiki、国内的百度百科等），资源分享网站（国外的Flickr、YouTube，国内的土豆网、优酷网等），社交网站（国外Facebook、Instagram，国内的人人网、开心网等）和网络论坛等。

社交媒体作为一种"新新媒体"，其受众和使用者多为年轻人，其中大学生占了很大比例。据《第38次中国互联网络使用状况统计报告显示》，截至2016年7月，中国网民总数已达7.10亿，其中20－29岁年龄段网民占总网民人数的30.4%；而作为社交媒体代表的即时通讯，其网民规模达6.42亿，网民使用率更是高达91.9%。社交媒体的迅猛发展，对大学生公民素养的培育犹如一把"双刃剑"，一方面，它为大学生公民素养的培育提供了良好的机遇与平台，另一方面，它又可能会对大学生公民素养的培育造成影响与冲击。

（一）社交媒体对大学生公民素养培育的积极影响

1. 社交媒体的"赋权"功能有效提高了大学生"公共参与"的热情

赋权理论最早来自弗莱雷于20世纪60年代在第三世界推广的"批判的教育学"。赋权常常与参与、权力、控制、自我实现和影响联系在一起。② 具体到以社交网络及微博、微信为代表的新媒体的发展，赋权就是社会大众的媒介接近（公共空间）、对话、意识觉醒、反思、集体行动以及由此产生的权力（关系）。这种权力的转移使被边缘化的群体得以发声，为他们提供时间和空间来表

---

① 闵大洪：《传统 meticulous 的网络社会化媒体使用》，载《南方传媒研究》，2009 年第 6 期。

② Jonsson JH. *Beyond Empowerment*：Changing local Communities，International Social Work，2010，pp393 –406.

达他们的焦虑、定义他们的问题、规划他们的解决方案并且使之产生作用。①
具体讲，社交的传播赋权其实就是"工具赋权"。在社交媒体出现之前，传播工
具大多掌握在传播机构手里，只有少数人才有机会和权力使用；新媒体的快速
发展，使越来越多的社会大众第一次有机会使用传播工具，从而实现"传媒接
近权"，利用新媒体进行发布信息、表达观点等传播活动。受众不再是单纯的信
息消费者，而被赋予信息生产者的权利。这种"工具赋权"对于大学生的公民
素养培育至关重要，因为它是大学生行使公民行为能力的重要技术条件。"尽管
民主的技术从来不是一个国家民主得以实现的关键，但其工具性的价值也是不
可低估的。只有当在日常社会生活中逐渐找到并采用了与要达到的民主目标相
一致的技术或方法，并将其遍布到我们共同生活的各个方面时，民主才能得以
实现。"② 首先，社交媒体打破了时空限制，大大降低了大学生进行公共参与的
成本，从而提高了大学生公共参与的积极性；其次，社交媒体技术的平民化，
使得大学生可以随时随地通过社交媒体发布信息、观点，参与调查、讨论，与
政府、社会机构、其他个体充分互动、交流，诸如此类，增强了大学生公共参
与的可行性；最后，社交媒体的匿名性和平等性，使得言论和观点不因身份、
地位等外在标签的差异而体现出不同分量，价值理论上成为判定其优劣的主要
标准，这又提高了大学生公共参与的有效性。

2. 社交媒体的"开放多元"有效提高了大学生"公共参与"的质量

与传统媒体相比，社交媒体时代信息和知识获取的渠道更加多元、获取方
式更加便捷，信息沟通更加透明，信息反馈也更加及时，这些都为大学生进行
公共参与提供了充分的前提条件。与传统媒体封闭式文本不同，社交媒体的各
种文本，很好地承继与体现了新媒体开放性的特征。开放式的文本叙述较为清
晰和全面，力图释放出多种多样的联系和解释，允许同时进行多种解读，从而
使其"丰富内涵"最大可能得以呈现。大学生在使用社交媒体的过程中，可以
随时提出、批判或反对某种观点，并通过陈述自己的理由，说服他人接受自己

---

① Thomas T & Paolo M. *Participatory Communication*：A Practical Guide. Washington，DC：
the World Bank，2009，pp10 – 16.

② 袁峰、顾铮铮、孙珏：《网络社会的政府与政治》，北京大学出版社 2006 年版，第 127
页。

的观点。同时，也认真听取他人的观点，从而使公共参与向更加理性、结果更加公平的方向上发展。

（二）社交媒体对大学生公民素养培育的消极影响

1. 社交媒体失范性所带来的价值信仰冲击

首先，社交媒体的"把关缺失"导致发布信息的"失范"。传统媒体都有一套严格的纠错把关机制，保证了信息的可靠性；社交媒体发布信息是"零门槛"，发布方式相对自由，且对所发布言论缺乏要承担责任的压力，常常导致失实传言甚至虚假信息盛行。其次，社交媒体的"隐匿性"导致媒介行为的"失范"。社交媒体所创造的"第二空间"里，人们的真实身份退场，现实生活中的法律法规、道德规范的约束力弱化，较易造成人们媒介行为的无序、不规范甚至"暴力化"，譬如在社交媒体上传播暴力与黄色等不健康内容、毫无顾忌地情感宣泄（谩骂、诋毁等）等，这些都对正处于思想观念形成期、意志力薄弱、对事物的判断能力还不成熟的大学生群体造成不良影响，从而使其信仰和价值迷失。①

2. 社交媒体的即时表达所带来的从众与非理性

社交媒体的信息更新速度快，对信息的反馈也要求快，可以说，在社交媒体上，"即时表达"是主要方式。这对于心智都还不很成熟的大学生来说，无疑是个巨大的挑战；加之社交媒体上"流行文化""粉丝文化"的盛行，使得大学生因担心落伍而受嘲笑的"快速站队"，都在一定程度上消弭了大学生面对某些公共事件时所应该具备的理性，而是体现出了盲目性与从众性，使一个本来微不足道的话题就可能表现出极端化的倾向。

三、社交媒体背景下大学生公民素养的培育路径

社交媒体背景下大学生公民素养的培育必须结合"大学生群体"和"社交媒体环境"这两个方面来进行。同时，也需要作为大学生的管理机构——高校和大学生自身两方面的努力。

---

① 钱文斌：《新媒体环境对大学生价值观取向影响与对策》，载《新闻界》，2010 年第 3 期

（一）高校层面

1. 大力推行以学生为中心的思想政治教育

在高校里，课堂曾经是学生获得知识的主要途径。由于知识传播途径的单向性，学生只能被动接受知识，教师在知识面前具有垄断地位和权威性。随着媒体特别是社交媒体的迅猛发展，获得知识的路径向多维网状转变，教师失去了对知识的垄断地位，甚至出现学生对教师"文化反哺"的现象。① 这就要求高校必须改变过去以教师为中心、以灌输教育为主要方式的传统做法，而要以学生为中心，通过启发式、参与式、践行式等方式，着重培养大学生的独立思考与批判能力。特别是在思想政治教育中，要积极向公民素养教育倾斜，真正从大学生提升公民素养的实际需要出发，加强政治学理论教育，加强权利意识、主体意识、参与意识教育，注重教育内容的时代感，针对社交媒体时代涌现的大量政治、经济、民生问题，用新的理论和观念进行解读和回答。

2. 为大学生公民素养培育搭建更多平台

公民素养培育不仅需要"教"，还需要"化"，内化于头脑外化于实践。高校要为大学生校内校外实践搭建更多平台，不断提高大学生公民行为能力。高校要注重营造开放透明民主的校园文化，尽可能为学生开辟民主管理和民主实践的渠道，特别是在进行与大学生切身利益密切相关的重大决策时，要确保学生的知情权与参与权；同时，要充分发挥学生社团在大学生成长成才方面的重要功能，通过鼓励学生对社团的自我管理与自我服务，激发大学生增加民主权利意识，提高政治参与能力。另一方面，高校要为大学生积极参加社会实践创造条件，通过社会服务、志愿活动等社会实践活动，提高大学生对公众、对社会的责任感，掌握社会参与的方法和技巧，提升未来进一步参与社会民主生活的能力。

3. 充分发挥社交媒体功能

社交媒体所代表的网络生活已经成为了大学生的一种生活状态和生活方式。作为管理机构的高校，要想发挥在大学生公民素养培育方面的积极作用，就必须用大学生所习惯和喜欢的信息传播与交流方式去开展相关教育活动。要学会

---

① 高尚：《社交媒体：大学组织文化的新变量》，载《江苏高教》，2013 年第 5 期。

利用社交媒体主动发声,阐释高校的管理和教育理念,特别是在出现问题或者面对质疑时,要利用社交媒体及时将官方声音传递出去,提高高校在社交媒体上的影响力,从而提高对学生的影响力;要学会利用社交媒体进行专题公民素养教育,除通过社交媒体渠道、采用全新信息呈现形式进行公民素养知识普及外,还可多开展一些议题讨论、社会调查、投票选举等活动,让大学生在亲身实践中提高社会事务公共参与能力。

(二)大学生层面

社交媒体背景下,大学生参与信息传播与交流的机会越来越多,参与的程度也越来越深,这本身就会推动公民素养的培育与提升。但这个过程不是自然而然的,行动并不会导致必然结果,其中最为关键的,就是大学生要不断加强媒介素养培育,发挥社交媒体在公民素养培育方面的积极作用,消弭其不良影响。这里所说的媒介素养培育,主要指大学生使用社交媒体,进行信息消费与生产,从事社会参与与交往的能力。其具体表现在以下几个方面:

1. 社交媒体的基本使用能力

社交媒体是媒体新技术的代表,它必然包含着较高的技术含量,要求使用者必须具备一定技术知识,掌握其相关操作,更重要的是对社交媒体技术和应用的合理、合法以及节制使用。

2. 信息消费与生产能力

社交媒体时代信息的海量以及来源的多元,意味着受众面临着空前负责的信息选择环境。大学生必须培育在海量信息中筛选有效信息和对信息进行分辨、分析与批判的能力。同时,作为信息生产者,大学生还必须注重培育负责地发布信息与言论和负责地进行再传播的能力。

3. 社会参与的能力

社交媒体为实现哈贝马斯所提出的"理想的商谈环境"提供了可能。哈贝马斯对理想的商谈环境提出的理想化原则包括:"(1)每一能言谈和行动的主体都可以参加商谈讨论;(2)a. 每人都可以使每一主张成为问题;b. 每人都可以将每一主张引入商谈讨论;c. 每人都可以表示他的态度、愿望和需要;(3)没有一个谈话者可以通过商谈讨论内或商谈讨论外支配性强制,被妨碍体验到自已由（1）和（2）确定的权利。"① 社交媒体为大学生自由平等参与社会事务提供了条件，但不代表就必然会提高大学生的社会参与素养。大学生要关注公共事务，积极参与公共话题交流，尊重公共规则和他人的表达权，学会理性表达与讨论，这不仅关系到自身社会参与能力的提高，也关系到社交媒体的发展秩序，更关系到整个社会的进步与发展。

（本文曾刊载于《东方教育》2016 年 10 月上期）

浅谈市场文化冲击下的高职校园文化

任小琴②

所谓市场文化，是指市场经济独有的开放性、包容性、竞争性、效益性等特性碰撞出的前所未有的新的文化理念和文化态势，这种仅在市场经济影响下产生，与市场及市场各要素直接或间接相关的文化或文化活动，叫作市场文化。随着我国市场经济的建立与发展，市场文化迅速崛起，冲击着我国的传统文化和大众文化，对校园文化也构成不可忽略的影响。

在所有类型的高校中，高职院校是与市场结合最紧密的院校，高职院校的校园文化受到市场文化的影响和冲击也最为强烈。事实上，无论哪种类型和层次的学校，校园文化都是学校的灵魂，是学校育人的重要手段，面对市场文化的冲击，我们不能不加以重视。

一、市场文化对高职校园文化的影响

市场文化可以说是最活跃的一种文化，因为市场本身就是活跃的、积极的、多样的，因此市场文化同样也呈现出生机勃勃的景象。这种活跃性非常有感染

---

① 引自吴冠军：《中国社会互联网虚拟社群的思考札记》，载《21 世纪》，2001 年 2 月。
② 本文为四川高等学校思想政治教育研究会 2012 - 2013 年度立项科研课题《市场文化冲击下的高职院校校园文化研究》的阶段性成果，课题编号：SZ2012289。

力，这种独特的感染力正在对高职校园文化施以影响，这是显而易见的，这种影响有正面的也有负面的。市场文化中的积极一面对高职校园文化产生着正面的影响，同时，市场文化中的消极一面也对高职校园文化产生着负面的影响。

1. 市场文化的积极面对高职校园文化的影响

伴随着我国市场经济发展起来的市场文化，其主流是积极向上的，对高职的校园文化建设有着正面的影响。例如市场文化中的个体主动精神鼓舞着校园文化。在市场经济条件下，再也不允许等、靠、要，所有人都必须主动为自己寻找机会、发现机会、抓住机会。市场竞争逼着你争先恐后、为人的个性发挥提供充足的条件和广阔的空间，在校园文化中个体主动精神亦越发活跃。再例如市场经济强化了法制，使得校园文化的法制性增强。市场经济首先要求人们具有权利本位、平等自主、公开透明的法制观念[1]，因此，市场文化的一个重要方面，就是每个参与市场活动的人都必须具备法制观念。市场文化的法制观对校园文化也产生了深刻的影响，高职学生越来越接受并运用法律的途径解决处理问题，法治观念深入人心。可见，总体来说，市场文化对高职校园文化的正面影响是主要的。但是，我们也看到了很多市场文化带来的消极影响。

2. 市场文化的消极面对高职校园文化的冲击

在今天，我国的市场经济还不完善，我们还长时期处于经济体制的转轨时期，新体制尚未充分建立，旧体制的影响还存在，现阶段的市场文化不可避免地存在一些问题，突出表现为一些片面的、落后的、极端的、腐朽的市场文化仍然存在，并且有进一步滋生的可能。对我国的高职校园文化产生极大的负面影响。例如极端个人主义和自由主义滋生，对青少年构成巨大冲击。我们看到，青少年犯罪的比例急速上升，犯罪年龄普遍下降，这在很大程度上归咎于极端个人主义和自由主义在青少年人群中的膨胀。这种膨胀对校园文化造成的危害是不可低估的。另外，享乐主义与拜金主义也是市场文化中的消极因子。一部分人把拜金和享乐作为人生的根本原则，为了追求巨额利润，不择手段，甚至违法乱纪，把追逐利润的原则从经济活动领域扩大到政治、文化、教育、科研以及人与人之间的交往、家庭、爱情的各个角落，为了钱可以没有底线，不要人格，这对青少年产生巨大腐蚀。除此之外，市场文化中某些走向极端的开放也不容小觑。市场文化带来的种种负面冲击不再一一列举，如果任其发展下去，将会对高职校园文化产生致命的腐蚀。事实上，我国高职校园文化正面临这样的尴尬。

二、市场文化冲击下高职校园文化的尴尬

尽管每个学校都有其独特的校园文化，但总的来说，高职院校的校园文化都有着大致相似的内涵，那就是竞争进取的精神、认真务实的态度。这是一种积极的文化，但我们常常看到，深受这种校园文化影响的部分高职学生，踏出校园进入社会后，却感到与社会格格不入，社会的许多现实让他们无所适从，原本树立起来的信念发生动摇甚至轰然倒塌。这是市场文化冲击下的高职校园文化的尴尬，是当前不容回避的现状。

1、投机思想置公平竞争的理念于尴尬境地

高职院校的校园文化，必然含有公平竞争的内容，这是校园文化赋予青年最核心的精神：通过自己的努力，在合乎道德与法律的基础上，获取成功，实现人生价值[2]。然而，公平竞争的理念却遭受到市场文化中投机思想的冲击。由于我国目前的市场体制尚不完善，市场文化还不成熟，因此投机思想泛滥，人们常常希望通过错误的途径更快地获得财富与成功。这无疑置校园文化所致力倡导的公平竞争理念于尴尬境地，让学生无所适从。

2. 个人主义的泛滥置集体主义理念于尴尬境地

我们所构建的高职院校校园文化，一直强调团结、协作，重视集体主义，这与当今中国的市场文化中的协作、共赢精神具有一致性，有着积极的意义。但在今天，市场文化中的个人主义的泛滥却置集体主义理念于尴尬的位置。事实上，市场经济立足于个体的经济理性，本身就与个人主义具有天然的联系。这本无可厚非[3]。但由于我国的市场经济和市场文化尚不健全，这种个人主义有走向极端化的趋势。个性原则的过度膨胀导致了极端个人主义和唯我主义。这股消极的个人主义思潮对我国高职院校所致力培养的集体精神冲击不断，使学生迷惑茫然。

3. 实用主义置精神追求于尴尬境地

高职院校的校园文化，以陶冶学生的情操、启迪学生心智、促进学生全面发展为目的，致力于让学生有更高的精神境界，包括实现人生的理想、创造人

生的价值等精神层面的追求。然而，我们看到一个不容回避的事实，那就是市场文化实用主义的盛行。中国传统的文化长期以来都是偏向于义的，然而随着市场经济的发展，人们开始崇尚物质，追求利益，并有极端化的趋向，这样的价值取向无疑置精神追求于尴尬之处，使学生对一直受到的人生理想、人生价值的熏陶产生怀疑。

三、高职校园文化尴尬处境的根源

在市场文化的冲击下，高职校园文化的种种尴尬处境有着深刻的内在根源，大致可以从下列几个因素予以考量。

1. 高职院校与市场的结合最紧密

高职院校是近些年来市场的需要所催生的产物，与其他高校相比，高职院校与市场的结合最为紧密，高职院校培养出的学生需要有更强的实际工作能力和市场适应能力。只有这样，高职院校才能在竞争中站稳脚跟，为市场培养人才，这就需要高职校园文化有更高的融合度。然而，我国的高职院校只有短短数十年的历史，其校园文化更趋向于照搬和模仿，模仿而来的东西，往往显得张力不够，无法进行自我调整和修复，这种习得的校园文化的"适应度"很低。面对迅速崛起的市场文化，显得无所适从。刚才提到，高职院校恰恰又是与市场接触最为亲密的学校，这就使得高职校园文化受到市场文化的冲击更显强烈。

2. 当前中国的市场文化尚不成熟

在我国，市场文化的崛起是迅速的。近三十年来，我国原有的计划经济体制逐渐转变为市场经济体制，这个转变不仅体现在经济上，还体现在文化上。人们的思想意识、个人追求、行为方式、价值观念等各方面发生了翻天覆地的变化。与计划经济文化截然不同的市场文化迅速崛起。但是，由于我国的市场经济本身尚处于起步阶段，还没有充分建立，旧体制的影响依然存在，市场文化本身尚未完全自觉。另外，改革开放也难免使国外一些腐朽的市场文化传播到我国。因此，现阶段市场文化不可避免地存在一些问题，突出表现为一些片面的、落后的、极端的、腐朽的市场文化仍然存在，并且有进一步滋生的可能。例如极端个人主义、投机思想、自由主义等等。对正统的高职校园文化形成猛烈的冲击。

3. 校园文化深受传统文化的影响

中国的文化有着悠久的历史，这在全世界都是独一无二的。几千年历史文化的积淀，给今天的中国带来了深远的影响。我国的校园文化，虽然注入了新的元素，但也深受这种影响。事实上，我们的传统文化也正受到来势汹汹的市场文化的挑战，市场文化是与中国传统文化截然不同的另一个体系，它会对传统的思想、观念、作风产生冲击。当然，这种冲击既有对糟粕的冲击，也有对精华的冲击，这里无法也没有必要作一个价值判断。但这种冲突是客观存在的，这就使得我国的校园文化也不可避免地陷入这种冲突之中。

然而，高职校园文化作为一种独立的文化形态，不可能仅仅被动地接受冲击，而必须做出回应，以主动的姿态进行调整融合，这是高职校园文化建设的必经之路。

四、高职校园文化建设——与市场文化的完美融合

高职校园文化建设，必须正视市场文化所带来的种种冲击，与市场文化最大限度地协调融合起来。这种融合势必通过两种途径：被动的融合和主动的融合。

1. 高职校园文化的被动性融合

这里说的被动的融合，是指高职校园文化首先必须适应所处的环境，调试自身以融合到大众的文化中去。但是，市场文化有精华也有糟粕，其对校园文化的影响也包括了负面的影响，那么面对这些消极的逆流，校园文化又应如何调试自身予以融合？这是一个棘手的命题。需要我们把握这样一个原则：绝不回避，不回避市场文化的消极丑陋的一面。在建设校园文化的过程中，通过各种方式让学生了解对比，引导学生做出自我的价值选择，只有让学生正面接触，才会提高其对冲击的心理适应度，只有让学生自己进行价值的判断与选择，才会使他内心真正接受，不易动摇，一味地回避和宣扬正面未必就能取得好的效果。

2. 高职校园文化的主动性融合

作为充满活力的文化形态，高职校园文化当然不能仅仅被动地受缚于市场文化，校园文化本身还涵盖了新的文化范畴。在这里，校园文化可以以新文化的倡导者、创造者的身份出现，而不是一般的响应，能够表现出强烈的主动性。倡导新型校园文化，一般来说致力于这样三点：第一，判断市场文化的缺陷，寻找新文化发展机会点，构建新文化。比如市场文化中享乐主义的缺陷，可以找出其危害，并以此作为契机构建健康的文化理念；第二，寻找校园文化发展机会点，针对市场文化提出新的文化主题，然后从学生对他的态度和时代发展特点方面对其进行分析，判断其合理性和科学性，得出采用与否的结论；第三，构建新校园文化体系就是说要围绕着我们所倡导的文化主题，设计出相应的文化理想、文化准则、文化观念和文化价值取向。

校园文化的主动性融合是建设高职校园文化的关键所在，而且也是容易实现的。高职校园文化的受众是学生，他们大多处在20出头的年龄，是新文化的主要宣扬者和传播者，是对抗腐朽思潮的新生力量，因此高职院校必须站好这块阵地，主动地把握住校园文化的方向。高职校园文化作为主动一方与市场文化的融合，是校园文化建设的核心内容。只有发挥高职校园文化的主动性，才能使得高职校园文化更好地融合于市场文化，符合市场的需要。给予高职学生以实实在在的影响和帮助，让他们能尽快适应社会和市场文化，坚定正确的人生价值取向。

参考文献：

［1］邓红艳：《试论中国传统文化精神》，载《湖南经济管理干部学院学报》，2005年第16期。

［2］刘祖凯：《略论高职校园文化与企业文化碰撞的方法和途径》，载《现代企业文化》，2008年第26期。

［3］姚震宇：《市场经济中集体主义的两大问题》，载《人大复印资料〈理论经济学〉》，2006年第2期。

（本文刊载于《山东青年》2013年第3期）

后 记

文化，让校园更有品质。

本书作为校园文化建设的阶段总结，我们不忘初心，始终坚持立德树人根本任务，通过理念、思路、模式、标准和方法五维并举，整体推进的运行设计，坚定而执着地在高职文化的发展道路上进行着艰辛的探索。遵从社会心理和情感文化走向，在横向的展望和纵向的传承中，有对办学历史溯源的总结，对院情的理性认知，对职业教育发展规律的科学研判和教育实践，并以文字记录和图片全景式地再现了我们的文化实践，具有强烈的纪实性。建设过程中寻觅的艰辛、取舍的纠结、否定之否定的痛苦、豁然开朗的觉醒、持续向前的坚守都内化为了我们继续前进的强大动力。

今天，我们欣然地看到，"双核共振"文化育人的理念和"一核三维五元"的文化育人模式已融入学院治理体系，培育和践行社会主义核心价值观，培养德智体美全面发展的高素质高技能人才已成为广大师生的思想文化共识和价值追求。

我们深信，文化的影响必将惠泽每一位学生，并经久而持续地激励他们飞得更高更远。

我们坚信，让文化素养成为学生可持续职业发展核心竞争力的教育理想和教育实践，一定会使学院文化建设的脚步更加坚实而有力，在职业教育的通途中，昂首阔步，行而致远。

在迤逦的历史长河中，文化的力量将穿越时空而亘古芬芳……

赵军

2017 年 6 月